Cuidar la Tierra

LA TIERRA Y YO

La Tierra y yo

Los grandes ciclos naturales

El ciclo diurno influye en muchos otros ciclos: durante el día, la temperatura aumenta afectando al ciclo del agua; las plantas producen oxígeno que influye en la actividad de los animales, etc.

TODO ESTÁ CONECTADO. LA NATURALEZA ES DINÁMICA: CAMBIA, SE TRANSFORMA, SE RENUEVA SIN CESAR. ES CÍCLICA.

Un ciclo es un conjunto de sucesos, de acontecimientos que tienen lugar regularmente y siempre en el mismo orden. Cuando se produce una modificación en alguna etapa del ciclo, esto acarrea consecuencias sobre el resto del proceso. Es importante tener en cuenta este aspecto cuando nos preocupamos por la Tierra.

Todos los recursos necesarios están disponibles en la tierra gracias a los grandes ciclos de la naturaleza: el del agua, el del carbono, el del nitrógeno...

El ciclo diurno del sol

A MEDIO DÍA,
EL SOL ESTÁ
AL SUR

Durante
la mañana,
el sol sube
en el cielo

Después del mediodía,
el sol desciende
de nuevo

DÍA

CADA MAÑANA,
EL SOL SALE
POR EL ESTE

NOCHE

EL SOL
SE PONE
POR EL OESTE

A MEDIA NOCHE, EL
SOL ESTÁ AL OTRO
LADO DE LA TIERRA

El ciclo del agua

EL SOL CALIENTA LA TIERRA y los océanos.
Debido a este efecto de la energía solar, el agua
se evapora y el vapor se eleva al cielo. Cuando
se topa con una zona más fría, el vapor se
condensa, es decir, se transforma en gotas de
lluvia. Esta agua vuelve a caer sobre la tierra,
quizá muy lejos del lugar del que partió.
El agua o bien fluye y crea corrientes cada vez
más grandes que se unen y que se dirigen a los
mares y océanos, o penetra en el suelo y lo va
atravesando poco a poco hasta crear grandes
reservas de agua subterránea, las capas freáticas.

El ciclo del agua
almacena la
energía solar
en forma de
energía potencial.
El agua que se
encuentra a cierta
altitud (en los
glaciares, lagos y
arroyos) pierde
poco a poco esta
energía al reunirse
con el mar.

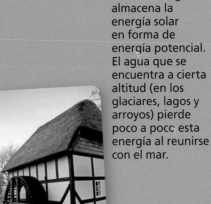

POR EFECTO DEL VIENTO, LAS NUBES SE DESPLAZAN

EL VAPOR SE ELEVA EN EL CIELO Y FORMA LAS NUBES

Evapotranspiración

Lluvia

Lluvia

EN LAS REGIONES FRÍAS, EL AGUA CAE EN FORMA DE NIEVE

LA VEGETACIÓN ABSORBE PARTE DEL AGUA Y LA EVAPORA POR LAS HOJAS

EL AGUA VUELVE A CAER A LA TIERRA EN FORMA DE LLUVIA

Evaporación

EL AGUA SE ALMACENA EN LAGOS

RAYOS SOLARES

LOS ARROYOS FORMAN RÍOS

EL AGUA DISCURRE Y CREA ARROYOS

Infiltración

Corrientes

UNA PARTE DEL AGUA SE INFILTRA BAJO LA TIERRA

EL EFECTO DEL SOL SOBRE LOS OCÉANOS PROVOCA QUE EL AGUA SE EVAPORE

EL AGUA FORMA CAPAS FREÁTICAS

El ciclo del carbono

GRACIAS A LA ENERGÍA SOLAR, mediante una reacción química, las hojas verdes extraen el carbono (C) del dióxido de carbono (CO_2) de la atmósfera. Combinan el carbono con el agua que absorben del suelo para formar los tejidos de la raíz, el tallo o tronco, las ramas, las hojas. Es la fotosíntesis.

Durante este proceso, las hojas liberan oxígeno (O_2). Ésta es la razón por la que se dice que los bosques son los pulmones de la Tierra: captan los gases nocivos (CO_2) y los transforman en

oxígeno que nosotros necesitamos para respirar al mismo tiempo que absorben del gas las sustancias que utilizan para crecer. Por lo tanto, el carbono se almacena en las plantas. En la cadena alimenticia, puesto que los animales y los humanos se alimentan de vegetales, el carbono pasa de un organismo a otro. Tras la descomposición de los excrementos y de los tejidos muertos, vegetales o animales, el carbono vuelve al suelo y a la atmósfera. Y el ciclo vuelve a empezar.

Hace 100 millones de años, la Tierra estaba cubierta de frondosos bosques. Los árboles muertos se acumularon en capas sucesivas.

El calor subterráneo y la presión de las demás capas los transformaron en carbón, petróleo o gas. Éstas son las fuentes de energía fósiles.

Explotamos este tipo de energía para quemarla y utilizarla en calefacciones, industria y transporte.

De este modo, reenviamos el carbono a la atmósfera en forma de CO_2. Las energías fósiles son como un paréntesis en el ciclo del carbono.

Pero estas reservas se agotan puesto que no se renuevan con la misma rapidez con la que se explotan. De hecho, se han necesitado millones de años para que los bosques se transformaran en petróleo y, en varios cientos de años,

el hombre casi ha agotado todas las reservas. Es un problema serio.

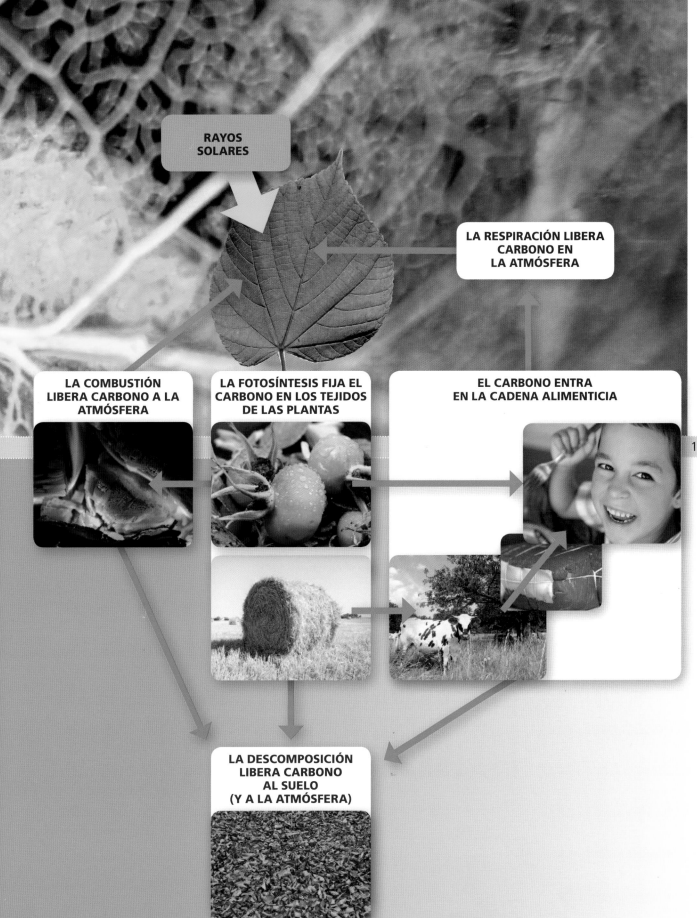

RAYOS SOLARES

LA RESPIRACIÓN LIBERA CARBONO EN LA ATMÓSFERA

LA COMBUSTIÓN LIBERA CARBONO A LA ATMÓSFERA

LA FOTOSÍNTESIS FIJA EL CARBONO EN LOS TEJIDOS DE LAS PLANTAS

EL CARBONO ENTRA EN LA CADENA ALIMENTICIA

LA DESCOMPOSICIÓN LIBERA CARBONO AL SUELO (Y A LA ATMÓSFERA)

El ciclo de la energía

TODA LA ENERGÍA NOS LLEGA DESDE CUATRO FUERZAS FUNDAMENTALES: la fusión del núcleo del sol, las fuerzas de atracción (entre la Tierra y el Sol, entre la Tierra y la Luna, y sobre la Tierra, la gravedad), la fisión del núcleo de la Tierra y la fuerza electromagnética de la radiación solar.

LAS FUERZAS DE ATRACCIÓN crean una mecánica celeste: la Tierra gira alrededor del Sol (ciclo anual), la Tierra gira sobre sí misma (ciclo diurno) y la Luna gira alrededor de la Tierra (ciclo lunar).

LOS CICLOS DIURNO Y ANUAL regulan la radiación solar sobre la superficie de la Tierra y crean diferencias de temperatura que, asociadas a la gravedad (el aire caliente asciende, el aire frío desciende, etc.), ponen en funcionamiento el "motor" climático dando lugar a los vientos, las corrientes marinas...

LA GRAVEDAD ALMACENA LA ENERGÍA potencial mediante el ciclo del agua.

LA ACTIVIDAD DEL NÚCLEO DE LA TIERRA recicla la materia mineral mediante la actividad volcánica y modifica el relieve de la Tierra.

LA RADIACIÓN SOLAR por un lado calienta la Tierra pero, además, proporciona la energía que las plantas necesitan para recombinar (mediante la fotosíntesis, auténtica "fábrica" bioquímica) ciertos elementos químicos y crear los tejidos vivos. Es el comienzo de una cadena por la que circulará la energía (en un principio, solar) hasta llegar a nosotros a través de la alimentación. Nuestro cuerpo quemará el carbono para obtener energía.

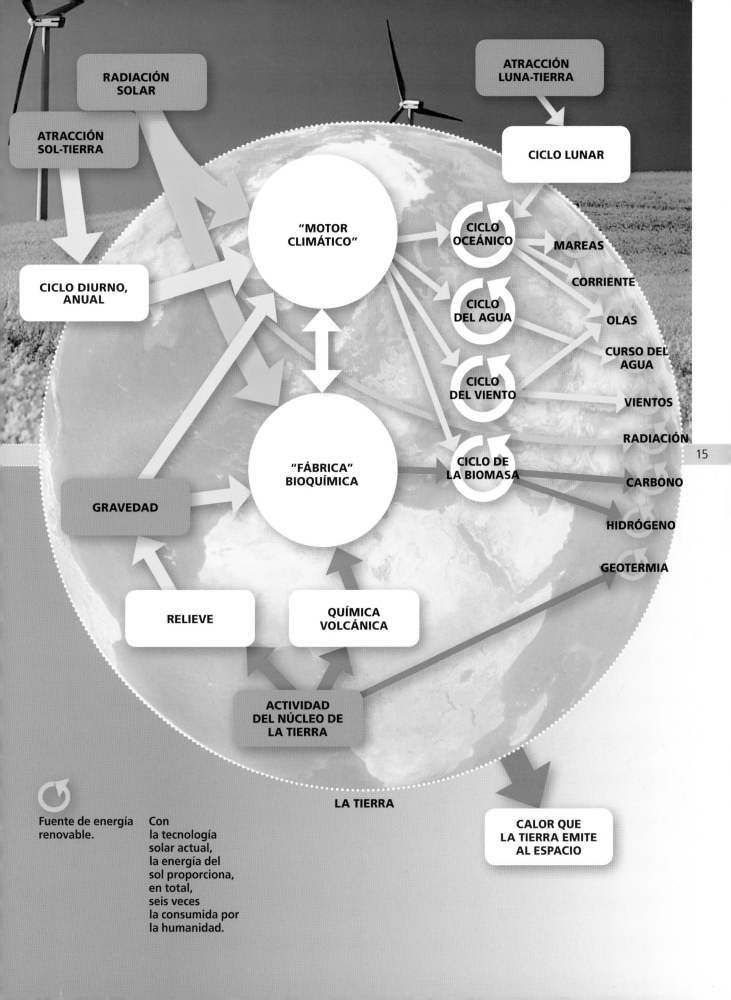

RADIACIÓN SOLAR

ATRACCIÓN SOL-TIERRA

ATRACCIÓN LUNA-TIERRA

CICLO LUNAR

"MOTOR CLIMÁTICO"

CICLO OCEÁNICO

MAREAS

CORRIENTE

CICLO DIURNO, ANUAL

CICLO DEL AGUA

OLAS

CURSO DEL AGUA

CICLO DEL VIENTO

VIENTOS

RADIACIÓN

"FÁBRICA" BIOQUÍMICA

CICLO DE LA BIOMASA

CARBONO

GRAVEDAD

HIDRÓGENO

GEOTERMIA

RELIEVE

QUÍMICA VOLCÁNICA

ACTIVIDAD DEL NÚCLEO DE LA TIERRA

LA TIERRA

CALOR QUE LA TIERRA EMITE AL ESPACIO

Fuente de energía renovable.

Con la tecnología solar actual, la energía del sol proporciona, en total, seis veces la consumida por la humanidad.

15

El aire

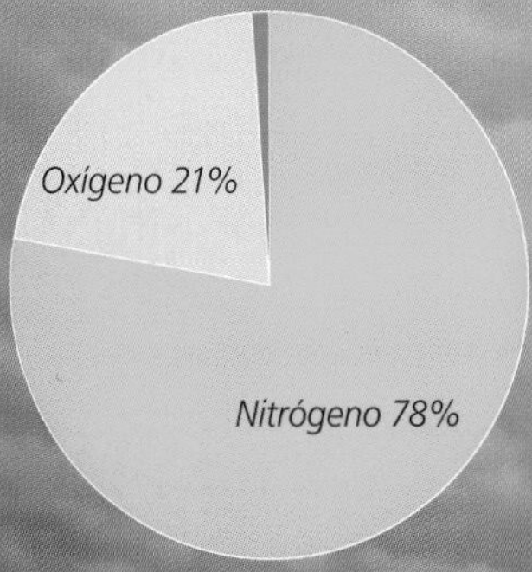

Oxígeno 21%

Nitrógeno 78%

El aire está compuesto esencialmente de nitrógeno y oxígeno. En una cantidad más pequeña, encontramos también gases como el CO_2.

Según la hora del día y la región, el aire se carga más o menos de vapor de agua.

En América del Sur, la selva amazónica se extiende a través de 4 millones de kilómetros cuadrados. Representa el 60% de toda la superficie de bosques del planeta.

Es el pulmón de la Tierra: su capacidad para reciclar CO_2 es vital. Además, esta selva tropical es una reserva de biodiversidad increíble.

→
Trakli, Georgia.
Mi padre dice que
sin la atmósfera, el
cielo no sería azul,
¡sería negro!

ALREDEDOR DE LA TIERRA, EXISTE UNA FINA ENVOLTURA: la atmósfera.
Rodea la tierra con una capa de aire de más o menos 13 kilómetros.

EL AIRE ES UNA MEZCLA DE GAS Y DE VAPOR DE AGUA respirable gracias al oxígeno que expulsan las plantas mediante la fotosíntesis →🔲.

LA ATMÓSFERA SE MUEVE CON LOS VIENTOS.
El sol calienta la tierra de manera desigual e intermitente. Las masas de aire se ponen en movimiento debido al efecto del calor y crean así los vientos.

Si la Tierra tuviera el tamaño de una manzana, la atmósfera sería el equivalente al espesor de la piel.

13 km

40 000 km

El CO_2 presente en la atmósfera proviene esencialmente de la respiración del mundo animal y vegetal y de las erupciones volcánicas pero también de actividades humanas como la combustión de energías fósiles, la deforestación, etc. Incluso si esta parte de CO_2 es muy pequeña, en el año 2000, la naturaleza ya no podía absorber más que la mitad. Hoy en día, la situación no hace más que empeorar: como el CO_2 permanece más de cien años en la atmósfera, esta cantidad se acumula y cambia poco a poco el clima.

El ozono es un gas que está presente de forma natural en la atmósfera a una gran altitud. Protege a la Tierra y a los humanos porque filtra los rayos del sol.

Abena, Ghana.
Cuando corro muy rápido, siento cómo el aire entra en mis pulmones. A veces lo hace tan fuerte que podría decir que quema.

Necesito aire

EL AIRE ES INDISPENSABLE PARA LA VIDA: todos los seres vivos respiran. Si no pueden hacerlo, mueren.

Los humanos y la mayor parte de los animales consumen el oxígeno que está presente en la atmósfera y expulsan CO_2.

LAS PLANTAS Y LOS ÁRBOLES ABSORBEN EL CO_2 Y LO TRANSFORMAN EN OXÍGENO. Son dos ciclos complementarios que regeneran la atmósfera.

RESPIRAMOS: NUESTROS PULMONES SE LLENAN DE AIRE. Mediante millones de pequeños vasos sanguíneos, los alvéolos pulmonares captan el oxígeno del aire que respiramos. Este oxígeno se transporta por la sangre hacia todas las células del cuerpo. Al espirar, expulsamos CO_2 al ambiente.

Esquema del intercambio de la respiración en nuestro cuerpo

O_2 — Respiración
CO_2 — Alimentación
Movimiento
Tejidos vivos
Calor
Sangre
Célula
Sistema respiratorio
Sistema circulatorio
Sistema digestivo

Nuestro sistema respiratorio lleva el oxígeno (O_2) en la sangre gracias a los pulmones.

Los senos nasales filtran el aire para evitar que el polvo llegue a los pulmones.

El sistema circulatorio transporta la sangre hasta las células.

Las células utilizan el oxígeno para quemar los azúcares que obtienen de los alimentos a través del sistema digestivo.

Así obtienen energía para vivir, crecer, cumplir su función y multiplicarse. Después de esta combustión, expulsan CO_2 a la sangre.

El sistema circulatorio transporta la sangre de las células a los pulmones.

Al espirar, soltamos de nuevo el CO_2 al aire.

La superficie de la pared interior de los pulmones es de 200 m² en un adulto, más de 100 veces la superficie de la piel. La calidad del aire es muy importante para nuestro cuerpo.

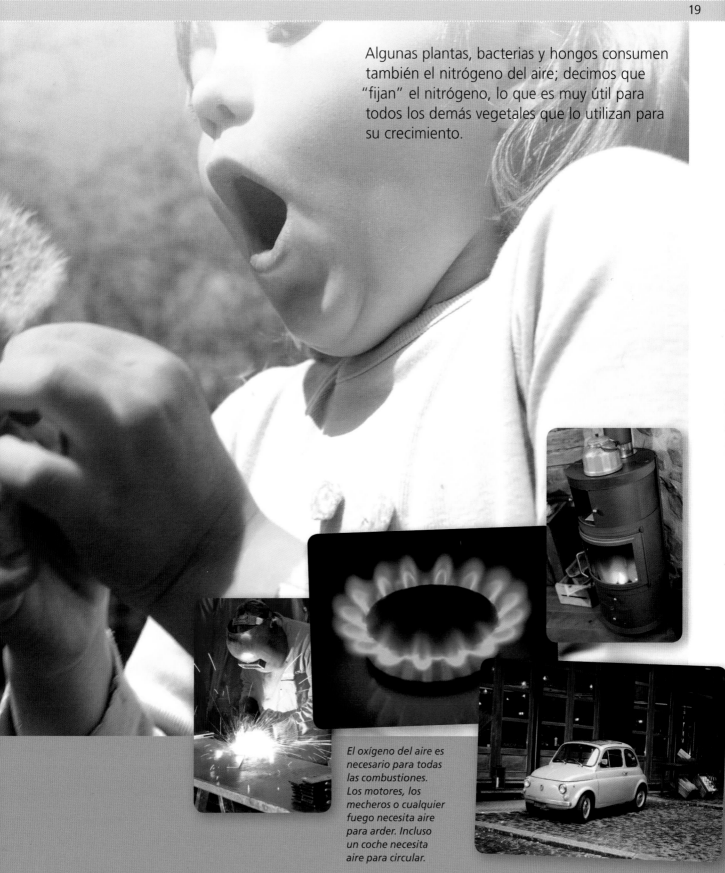

Algunas plantas, bacterias y hongos consumen también el nitrógeno del aire; decimos que "fijan" el nitrógeno, lo que es muy útil para todos los demás vegetales que lo utilizan para su crecimiento.

El oxígeno del aire es necesario para todas las combustiones. Los motores, los mecheros o cualquier fuego necesita aire para arder. Incluso un coche necesita aire para circular.

Un aire respirable

PARA TENER UNA BUENA SALUD, es necesario que el aire que respiramos sea sano y esté limpio. Alentado por el viento y las corrientes, el aire se mezcla con miles de partículas microscópicas y las transporta quizá a miles de kilómetros. Estas partículas pueden ser el polen que fecunda a las plantas pero también polvo, bacterias, microbios, el perfume de las flores.

LA NATURALEZA DEPURA EL AIRE DE MANERA NATURAL: el océano y las plantas absorben ciertos gases como el CO_2, la lluvia "lava" el aire y se lleva el polvo y otros contaminantes.

Algunas plantas están dotadas de potentes mecanismos de descontaminación. Por ejemplo, la hiedra degrada el benceno (un gas tóxico) que absorbe hasta el punto de poder descontaminar en unas horas el aire de una sala cerrada.

← Marjan, Irán
Mi abuela se
perfuma con jazmín.
¡Me encanta cuando
me abraza!

21

Cuanto más puro es el aire, mejor percibimos los perfumes. Para los insectos, esto es esencial puesto que localizan las flores que le convienen a su especie por el olor. Para las plantas también es vital porque, sin los insectos polinizadores que las fecundan, no podrían reproducirse ni dar frutos.

El aire también es el medio por el que circula el sonido. Transporta la voz, la música y todos los sonidos que nos rodean, nos advierten, nos cautivan, nos permiten comunicarnos.

→

Marko, Hungría
Cuando somos muchos dentro de una sala
cerrada, al poco tiempo, me duele la cabeza.
Falta oxígeno en el ambiente y además
está saturado de CO2: es necesario airear.

Aire cansado

LA CALIDAD DEL AIRE ESTÁ AMENAZADA POR LA CONTAMINACIÓN EN EL MUNDO ENTERO. Fábricas, motores, incendios, calefacciones y vehículos expulsan gases tóxicos, CO_2, sustancias químicas y partículas de metales pesados a la atmósfera.

El aire también se contamina debido a productos que se dispersan como desodorantes, pesticidas, disolventes, el humo de los cigarros y otras sustancias que se utilizan de manera cotidiana.

No sólo nuestros pulmones y la naturaleza sufren la contaminación. Por ejemplo, la bonita ciudad de Cracovia, en Polonia, está muy estropeada debido a las emisiones tóxicas.

Éstas proceden de las fábricas, del tráfico de los coches y de los sistemas de calefacción. El flúor, el óxido de nitrógeno y el dióxido de azufre, entre otros, corroen los edificios,

las estatuas y el centro histórico.

Los CFC son gases que se utilizan en los aerosoles, los frigoríficos y los aires acondicionados. Destruyen la capa de ozono. Los agujeros que se producen

en esta capa protectora conllevan un aumento de las enfermedades de la piel, del cáncer y de problemas respiratorios.

Desde 1987, la mayor parte de los CFC se prohibieron y el agujero en la capa de ozono es menos preocupante.

← Hélène, Bélgica
Cada año, la región organiza un día sin coches. El aire es mucho mejor y hay mucha más tranquilidad.

← Oya, Turquía
Me molesta mucho cuando alguien fuma cerca de mí. Huele mal y sé que es tóxico para la salud.

La industrialización, la producción, el consumo y los transportes crecen sin parar, sobre todo en los países en vías de desarrollo, y la contaminación del aire aumenta del mismo modo.

ALGUNOS CONTAMINANTES SE COMBINAN CON EL VAPOR DEL AGUA de la atmósfera y se convierten en ácidos. Las lluvias, la niebla o el rocío hacen que estos ácidos tóxicos y corrosivos entren en contacto con los animales y las plantas.

Los objetos de la vida cotidiana, y especialmente los de plástico, liberan contaminantes químicos a la atmósfera.

Cada vez más, los países exigen que estos deshechos tóxicos sean controlados y censados.

Al igual que otras muchas ciudades grandes, Pekín sufre tanto la contaminación del aire que a veces la ciudad se ahoga en una niebla de contaminación. Durante los Juegos Olímpicos, los poderes públicos obligaron a las fábricas a cerrar y prohibieron circular a los vehículos que más contaminan para garantizar una calidad de aire aceptable para los deportistas y para los turistas.

Kei, Tokio
En mi ciudad, mucha
gente lleva máscaras
para protegerse de la
contaminación del aire.

La contaminación "boomerang"

Nueva York
cubierto de smog.

Los silenciadores de los vehículos liberan no sólo CO_2 sino también, sobre todo los motores diesel, monóxido de carbono, óxidos de nitrógeno, carburante que no se ha quemado, benceno y una gran cantidad de partículas tóxicas. Todas estas sustancias son cancerígenas y provocan problemas respiratorios.

En 1984, en Bhopal, India, una fuga de gases tóxicos en una fábrica de pesticidas causó más de 8.000 muertos en tres días y 20.000 más durante los 20 años siguientes.

El smog es una niebla contaminada muy espesa que cubre una ciudad. Se debe esencialmente a la contaminación industrial.

Se mantiene sobre la ciudad debido a un fenómeno de inversión de las capas calientes y frías de la atmósfera que la sostiene como una tapadera.

El aire no se renueva y cada vez se contamina más.

Entre 1952 y 1962, Londres ha vivido periodos de smog muy importantes que han causado la muerte de miles de personas.

Desde hace unos años, los londinenses han observado una pequeña mejora en la calidad de su aire. Las industrias deben reducir sus emisiones tóxicas

y la circulación de vehículos se ha limitado y controlado mucho en la ciudad.

EL AIRE CONTAMINADO CAUSA PROBLEMAS DE SALUD GRAVES Y DIVERSOS: alergias, intoxicaciones, cáncer, enfermedades de la piel, problemas respiratorios o cardiacos.

UNA EXPOSICIÓN PROLONGADA A UN AIRE NOCIVO DISMINUYE LAS DEFENSAS INMUNITARIAS, es decir, la capacidad de defenderse de los microbios y de las enfermedades. El cuerpo se agota de tanto resistir, la persona se debilita y cae enferma. Los niños y las personas de más edad son los más sensibles: en casi todas las ciudades del mundo, las autoridades aconsejan a la población que permanezca en un sitio cerrado en las horas de mayor polución.

EL POLVO SE POSA EN LAS HOJAS y ralentiza su crecimiento. En los países industrializados, ya se observa una bajada del rendimiento de la agricultura debido a este motivo.

LAS LLUVIAS ÁCIDAS AMARILLEAN EL FOLLAJE DE LAS PLANTAS QUE TERMINAN MURIENDO, acidifican el agua de los lagos y la de los océanos lo que provoca la muerte de los corales, del marisco...

TODOS ESTOS CONTAMINANTES TERMINAN CONCENTRÁNDOSE EN LA CADENA ALIMENTICIA. Por ejemplo, al pastar en hierba cubierta del polvo procedente de las incineradoras de desechos, las vacas acumulan dioxinas (un veneno) en la carne y en la leche. La leche materna de algunas mujeres también contiene la dioxina.

Algunos insectos desaparecen porque no encuentran sus flores debido a que el perfume se ha transformado por el aire contaminado.

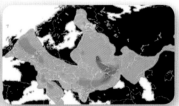

El aire no conoce fronteras. Esto se vio claramente tras la **catástrofe de Chernóbil** en 1986. Después de que explosionara la central nuclear, la nube radiactiva sobrevoló y afectó a numerosos países europeos: Países Bajos, Bélgica, Francia, Alemania, Polonia, Inglaterra, Italia. La leche y las legumbres se contaminaron a kilómetros de distancia de la explosión.

Arriba fotos de los mapas de la nube radiactiva después de un día, dos días y una semana.

Brahim, Chad.
En mi barrio, el ayuntamiento ha plantado muchos árboles: es bonito y sé que es bueno para nuestro aire.

Cuidar el aire

COMO EL AIRE CIRCULA POR TODAS PARTES, es importante preocuparse por su calidad en el exterior, en las ciudades y en los pueblos, pero también dentro de casa, en las escuelas y en los lugares de trabajo.

Las principales causas de contaminación del aire son las industrias, las calefacciones y el transporte automóvil y aéreo. Podemos actuar de manera eficaz empezando a estos niveles.

HAY QUE CAMBIAR LA MANERA DE FABRICAR OBJETOS Y DE TRASFORMAR LAS MATERIAS PRIMAS eligiendo materiales sanos y limitando la combustión de energías fósiles, o utilizando fuentes de energía limpias. También podemos reducir la cantidad de productos limitando así el consumo.

En Bélgica, una empresa especializada en alimentación utiliza esencialmente la energía eólica para alimentar sus cámaras frigoríficas.

El Centro Marroquí de Producción Limpia ofrece asistencia técnica a las empresas marroquíes para que adopten tecnologías más limpias y sistemas de gestión medioambiental y al mismo tiempo mejoren la eficacia económica y la rentabilidad.

← Laurence, Francia.
Tengo muchas ganas de tener unas zapatillas nuevas pero las mías aún están en perfecto estado. Así que pienso en el planeta y me olvido.

27

Bajo la presión de las regulaciones medioambientales o de manera voluntaria, las industrias tienen que reducir y controlar sus emisiones nocivas, ya sea buscando formas alternativas de trabajar o instalando filtros industriales y manteniéndolos.

OTROS CAMINOS DE ACCIÓN. Se puede reflexionar sobre dónde instalar las empresas de manera que se genere el menor transporte posible y que se permita a los trabajadores acudir en transporte público.

Limitar de forma general todo lo que sea combustión y, en particular, la combustión de materiales que liberan desechos tóxicos.

Y, por supuesto, salvaguardar los bosques y los árboles. ¡Son ellos los que nos protegen!

En Zurich, el número de automóviles disminuye de forma regular. Las instituciones públicas han desarrollado de manera masiva los transportes públicos: el bus y el tranvía.

En Ámsterdam, a veces incluso se transportan las mercancías en tranvías.

Las empresas pueden desempeñar un papel muy importante en la lucha por la salud de la Tierra: ofrecer abonos de transporte público a sus empleados u organizarse para que compartan el coche, animarles a que se desplacen en bicicleta...

Todas estas acciones tienen repercusiones positivas sobre la calidad del aire y también sobre el clima, la biodiversidad... Todo está conectado.

Abdul, Líbano.
He metido una bellota de roble
en una maceta con tierra.
Ha germinado y el árbol está
creciendo. Pronto lo transplantaré.

Cuido el aire

NECESITO AIRE PARA VIVIR! Y, para tener buena salud, ¡ese aire tiene que estar limpio! Si intento no contaminar el aire con productos químicos y evito expulsar demasiado CO_2, puedo contribuir fácilmente a proteger la calidad de la atmósfera, ¡y mi propia salud!

MIS GESTOS Y MIS ACCIONES CAUSAN MÁS O MENOS CONTAMINACIÓN. Vale la pena analizar estas acciones y encontrar alternativas.

Por ejemplo, cuando sea posible, hay que evitar utilizar objetos de plástico. Su producción y destrucción provocan grandes perjuicios.

Todos los productos "desechables" ponen en peligro la salud de la tierra: aumentan considerablemente la cantidad de desechos porque rara vez son biodegradables.

Siempre que sea posible, prefiero desplazarme a pie, en transporte público o en bicicleta.

Nunca quemo nada para deshacerme de ello o para jugar: las sustancias tóxicas que se emiten en la combustión pueden contaminar mi espacio vital o un huerto que haya cerca.

Las plantas de interior, como el ficus o la hiedra, purifican el aire de una habitación.

→
Nicola, Montenegro
Desde que era pequeño, voy a
la escuela en bicicleta. Cuando
llego, ¡ya estoy bien despierto!

29

También puedo hablar con
la gente que me rodea e
insistir, por ejemplo, en que las
compras de la familia tengan
en cuenta la calidad del aire.

Quizá no sea necesario comprar
un coche muy grande, ni llenar
la casa de aparatos que se
rompen o se olvidan rápido,

ni tampoco poner la calefacción
a más de 18 ó 19°. Podemos
regular y mantener los aparatos
de calefacción.

**RESPIRA PROFUNDAMENTE.
SIENTE COMO LOS PULMONES
SE LLENAN Y DISFRUTA
LA OPORTUNIDAD DE RESPIRAR
UN AIRE PURO.**

¡TE TOCA A TI! Empieza por un
pequeño gesto...

*Cada vez que te sea
posible, ¡planta un
árbol! Es muy fácil y
también muy eficaz.*

El agua

Anna, Suecia.
Mi casa está equipada
con aseos secos,
sin agua. Todo se
transforma en abono.

Célestin, Ruanda.
Me encanta nadar
en el río cuando
está limpio.

LA TIERRA ESTÁ COMPUESTA POR DOS TERCERAS PARTES DE AGUA. POR ESO SE LE LLAMA PLANETA AZUL. El agua en estado natural se presenta en diferentes formas: océanos gigantescos y profundos, mares salados, agua dulce en lagos, estanques y mares, ríos, riachuelos, arroyos, marismas, manantiales, lloviznas o lluvias torrenciales, nubes y también los glaciares de los polos y de las montañas. Encontramos el agua en estado líquido cuando corre, sólido cuando se congela y gaseoso cuando se transforma en vapor, por ejemplo, en las nubes.

EL AGUA ES UNA FUENTE DE VIDA. Los animales y las plantas no pueden vivir sin agua. Cuanta más agua tiene un ecosistema , más ricas serán la flora y la fauna.

LA TIERRA NOS PROPORCIONA AGUA DULCE. El ciclo del agua crea agua dulce mediante la evaporación del agua del mar, del agua que circula en los arroyos o del agua de los lagos y por "evapotranspiración" (vapor de agua que emiten las plantas y los animales). El vapor se desplaza en forma de nubes empujadas por el viento. Al llegar a una zona más fría, se condensa y vuelve a caer en forma de gotas de lluvia, en copos de nieve o como granizo. Una vez en el suelo, el agua de los arroyos vuelve a las capas freáticas, a los ríos, etc. Los cursos de los ríos, las zonas húmedas y el suelo filtran y depuran de manera natural gran parte del agua "usada".

El ciclo del agua transforma el agua salada en dulce a través de la evaporación. El agua dulce se almacena en los lagos y en las capas subterráneas pero también en los glaciares y en los bancos de hielo en forma de nieve o de hielo.

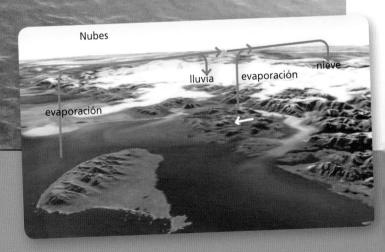

Nubes

lluvia

evaporación

nieve

evaporación

Pamina, Chile.
En mi casa, recogemos
el agua de la niebla
capturando las gotitas
con grandes paneles.

Necesito agua para vivir

Irrigación
tradicional
en un oasis,
Marruecos.

**EL AGUA NO ESTÁ REPARTIDA DE FORMA
EQUITATIVA EN LA TIERRA:** en algunas
zonas es abundante pero, en otras, es muy
escasa. El 60 % del agua dulce disponible
en el planeta se concentra en sólo 10 países:
Brasil, Rusia, Canadá, Indonesia, Estados Unidos,
Bangladesh, China, India, Venezuela y Colombia.

↑ En Chile y en
Nepal, en las
regiones costeras o
montañosas, se han
instalado grandes
paneles en los que
se pegan las gotas
de agua de la niebla.
El agua chorrea por
canales y se recoge

en depósitos. La
cantidad de agua
dulce recogida es
suficiente para que
los habitantes de
dichas regiones
puedan sobrevivir.

Un adulto debe
beber alrededor
de 1,5 litros
de agua al día.
Cuando no bebe
suficiente, el
cerebro no trabaja
con la misma

eficacia. Todos los
órganos necesitan
agua para funcionar
normalmente.

Fahan, Kenia.
Mi tío controla los
pequeños canales de
riego del oasis para no
perder ni una gota.

33

PARA QUE SE PUEDA CONSUMIR, EL AGUA TIENE QUE SER DULCE (NO SALADA) y estar limpia. Es tan preciada que se la conoce como oro azul. En nuestro planeta, hay muy poca agua dulce, apenas un 3 %. El resto es todo agua salada, difícil de utilizar.

EL CUERPO HUMANO ESTÁ COMPUESTO POR MÁS DEL 60 % DE AGUA. Los humanos necesitan agua para vivir: sin beber, una persona no sobreviviría más de unos días.

Una de las maneras más divertidas de jugar es con agua.

Necesito agua para vivir

GRACIAS AL AGUA PODEMOS COMER. Para cultivar cereales, legumbres o frutas, es necesario regarlas o plantarlas en un lugar en el que puedan absorber el agua del suelo. Hacen falta casi 800 litros de agua (riego, lluvias, etc.) para producir un kilo de trigo.

CUANDO IMPORTAMOS UN KILO DE TRIGO, es como si importáramos 800 litros de agua. El país que compra trigo no ha necesitado utilizar su agua para hacerlo crecer y el país que lo ha cultivado ha empleado una gran cantidad de agua. Es importante mantener un equilibrio para que los habitantes del país productor dispongan siempre de una cantidad suficiente de agua para las necesidades vitales. En algunos países, este equilibrio está roto y la población está sometida a un "estrés hídrico" →⊟.

Algunos agricultores, aunque disponen de grandes reservas de agua dulce, dejan de cultivar. Prefieren vender y transportar el agua a precios extremadamente elevados a ciudades que tienen carencia y que están dispuestas a pagarla tan cara que sale mucho más rentable que cultivar.

En India, el Ganges es un río sagrado. Los hindúes se bañan en él para purificarse y también meditan en la orilla.

El agua es un símbolo importante en la mayoría de las religiones.

Isadora, Portugal.
En Siria, vi una noria (*) que
giraba con la corriente del
río, extraía agua y la elevaba
para regar los campos.

El agua también nos sirve para cocinar,
fabricar mercancías, limpiar, aclarar, lavar
y luchar contra el fuego.

Cantidad de agua necesaria en la producción	
1 kg de papel	300 litros
1 kg de papel reciclado	2,5 litros
1 coche	30.000 litros
1 kg de material plástico	800 litros
1 kg de buey	Hasta 5.700 litros
1 kg de pollo	3.500 litros
1 kg de tomates	30 litros
1 kg de patatas	500 litros
1 kg de algodón	29.000 litros

La cantidad de
agua necesaria para
producir un alimento o
un objeto depende de
la forma en la que se
elabore. Quizá el agua
esté reciclada.
Por ejemplo, en
Europa, la cantidad de
agua "fresca" necesaria
para la producción de
papel se ha dividido
entre veinte.

Otro ejemplo de
agricultura intensiva
con campos
circulares. La forma
viene determinada
por la rotación de
los sistemas de riego.

La irrigación de la
agricultura a escala
industrial consume
una enorme
cantidad de agua.

Adal, Mali.
Mi madre recorre
cada día 6 kilómetros
a pie para que
tengamos agua.

Agua para todos

LA CANTIDAD DE AGUA DISPONIBLE EN EL PLANETA DEBERÍA SER SUFICIENTE SI LA PROTEGIÉRAMOS Y NO LA MALGASTÁRAMOS. En ciertas regiones se sufre una falta de agua extrema. En Asia y en África, el problema es muy serio. Los hombres cavan pozos, construyen presas y canalizan el agua a través de miles de kilómetros. Esto resuelve el problema del acceso al agua para algunos pero entraña consecuencias desastrosas para otros: la desaparición de plantas y animales, la desecación de los ríos y de las capas freáticas, etc. Además, el cambio climático provoca la desertización →冒

de ciertas regiones o, por el contrario, las inundaciones de otras. El calentamiento del planeta derrite los glaciares. El agua dulce se mezcla con el agua salada de los mares y océanos y ya no es útil. Esta agua es difícilmente recuperable y el ciclo se ve alterado porque los ríos corren el peligro de secarse. Los glaciares representan el 70 % de nuestras reservas de agua dulce.

Rizières en terrasses.

Tareq, Bangladesh.
Cada año, en la
estación de lluvias,
las inundaciones
provocan catástrofes.

En algunos casos, utilizamos tanta agua que las reservas no tienen tiempo suficiente para renovarse. Los habitantes de dichas zonas tienen que importar el agua; a veces el precio es demasiado caro y no se lo pueden permitir.

EN 2020, EL 60 % DE LA POBLACIÓN MUNDIAL VIVIRÁ EN CIUDADES. Habrá que abastecer de agua a todos sus habitantes y prever sistemas de saneamiento. Es un gran desafío de futuro.

DESPUÉS DE UTILIZARLA, DESECHAMOS EL AGUA Y ÉSTA VUELVE A LOS RÍOS Y A LAS CAPAS FREÁTICAS. Pero esta agua está manchada: contaminada por los pesticidas utilizados en la agricultura, por los productos tóxicos que provienen de las fábricas y por los jabones que utilizamos. Las personas y los animales contaminan el agua del mismo modo mediante materia orgánica, bacterias y virus. Sin un sistema de depuración y de saneamiento, el agua se vuelve peligrosa para la salud y para el medioambiente.

GRAN PARTE DEL AGUA SE MALGASTA o se pierde. Un estudio demuestra que, en el Reino Unido, el 25 % del agua se pierde debido a fugas en la canalización. Este despilfarro se da en todos los países del mundo pero se están haciendo esfuerzos para limitarlo lo máximo posible.

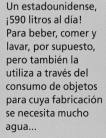

El lago Chad abastece de agua a los habitantes de Chad, Níger, Nigeria y Camerún. Entre 1960 y 2000, la superficie de este lago de agua dulce ha pasado de 26.000 km^2 a 1.500 km^2. No ha llovido lo suficiente y se ha utilizado de manera masiva para regar los cultivos. Una pequeña ventaja a corto plazo es que las tierras que ya no están cubiertas por el agua son muy ricas y proporcionan alimento para 40.000 chadianos. Pero sigue habiendo un problema, el agua no es lo suficientemente abundante para los millones de personas que habitan sus orillas.

Si dividimos la cantidad de agua que se consume en un país por el número de sus habitantes, obtenemos el consumo medio por habitante. Un malí consume de media 12 litros de agua al día para beber, comer, lavar...

Un estadounidense, ¡590 litros al día! Para beber, comer y lavar, por supuesto, pero también la utiliza a través del consumo de objetos para cuya fabricación se necesita mucho agua...

Boris, Bulgaria.
La industria ha envenena-
do los pozos de mi pueblo.
Ahora, traen el agua en
camiones y hay que pagarla...

La guerra del agua

- Más de 1.000 millones de personas no tienen acceso a agua potable.

- 2.600 millones de personas, es decir, el 42 % de la población mundial, no pueden disfrutar de los beneficios de un sistema de saneamiento básico (recogida y tratamiento de agua utilizada).

- 6.000 niños mueren cada día debido a enfermedades relacionadas con la falta de acceso al agua potable o a la falta de saneamiento y de una higiene básica.

Sobreexplotados, deteriorados, empobrecidos por la falta de precipitaciones, grandes ríos como el Ganges o el Colorado a menudo no alcanzan el mar o el océano. Una de las soluciones reside en la mejora de los medios de riego que reduzca las extracciones.

A lo largo de la costa de California, se ha formado una isla flotante de la superficie de Francia y de unos 30 metros de profundidad. Es una "sopa" de desechos de plástico atrapados por las corrientes marinas que los han concentrado en esa zona. Las numerosas especies marinas que habitan allí están en peligro: tragan cada vez más residuos microscópicos de plástico que plancton o se ahogan con los pedazos más grandes. La mayor parte de estos desperdicios procede de los ríos y de las alcantarillas, ¡no de los barcos!

Manzambi, Angola.
Dejo el agua al sol en una botella de plástico transparente. Sigue sin ser agua pura pero por lo menos el sol mata muchos virus y bacterias.

EL AGUA ES MUY PRECIADA Y ESTÁ MAL REPARTIDA EN EL PLANETA. HAY QUE PREOCUPARSE POR COMPARTIRLA. Algunas empresas tienden a adueñarse de ella para luego venderla muy cara poniendo así en peligro a regiones enteras. Como la población mundial es cada vez mayor, la necesidad de agua también aumenta. Los habitantes de las ciudades consumen mucho y los habitantes de los pueblos la necesitan para poder cultivar y así alimentar a la población. De este modo surge una competencia y aparecen los conflictos.

LOS PAÍSES QUE POSEEN EL AGUA TIENEN PODER y a veces lo utilizan para presionar a los países vecinos. Los amenazan con privarles de los recursos hídricos que representan los ríos que cruzan la frontera instalando una presa o un canal para desviarlos.

LA LLUVIA PENETRA EN EL SUELO para alimentar las reservas de agua y arrastra con ella todo tipo de productos más o menos tóxicos y contaminantes. Esto es tanto más cierto en las inmediaciones de los ríos, en los cursos de agua y en los mares. Todo desecho puede dar lugar a contaminación.

CUANDO NO NOS PREOCUPAMOS POR LA CALIDAD DEL AGUA, surgen graves problemas de salud: alergias, intoxicaciones, malaria, diarreas graves, enfermedades mortales, etc. Cada año mueren 5 millones de personas debido a estos problemas relacionados con el agua.

LA ESCASEZ DE AGUA ES UN PROBLEMA GRAVE. Pero, al mismo tiempo, demasiada agua a la vez también es grave: las inundaciones matan, destrozan viviendas, destruyen cultivos, contaminan las reservas de agua y provocan enfermedades mortales.

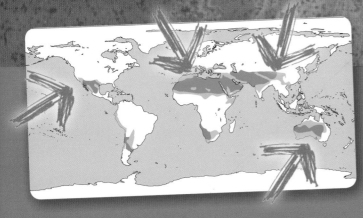

Más de un tercio de la superficie de la tierra está amenazada por la desertización.

Las reservas de agua desaparecen puesto que las lluvias son muy escasas o tan violentas que el agua no tiene tiempo de penetrar en la tierra para regenerar las capas freáticas.

Cerca de un millón de personas están afectadas por la falta de agua, principalmente en África y Asia.

Margaret, EE.UU.
La lluvia que cae
sobre el tejado de mi
casa se almacena en
una gran cisterna.

Cuidar el agua

EL AGUA ES UN RECURSO RENOVABLE. Se puede reutilizar siempre que se recoja, se purifique, se sanee, se descontamine, se filtre, etc. En resumen, siempre que esté bien tratada.

EN CUANTO A LAS PRESIONES Y LOS RIESGOS, LO PRIMERO QUE HAY QUE HACER ES UTILIZAR LA MENOR CANTIDAD POSIBLE: ahorrar el agua en todo el planeta, incluso en los países en los que llueve mucho. No hay que olvidar que cada vez seremos más en la tierra y que los recursos de agua son limitados.

PARA ENCONTRAR Y EXTRAER EL AGUA, se cavan pozos más o menos profundos, se instalan cisternas de agua de lluvia, se construyen presas, etc. Los setos, los arbustos o los bosques retienen el agua y facilitan la filtración hacia las capas freáticas: razón de más para conservarlos o reforestarlos.

TENER AGUA ESTÁ MUY BIEN PERO TAMBIÉN ES NECESARIO QUE ESTÉ O QUE SE MANTENGA LIMPIA Y POTABLE. Numerosas fábricas expulsan agua altamente contaminada poniendo así en peligro la salud de la población y destruyendo el medio ambiente para mucho tiempo. Podemos limitar esta contaminación eligiendo métodos de fabricación de productos que generen una cantidad mínima de contaminantes, ¡incluso ninguno! Si, después de todo, el agua está sucia, se pueden instalar plantas depuradoras u otros sistemas de saneamiento. Todavía no es suficiente: cientos de millones de personas no siempre tienen acceso a agua potable.

Podemos luchar contra el desperdicio de agua manteniendo las canalizaciones, reflexionando sobre el uso del agua y reciclando la mayor cantidad posible.

Pescador en el lago Tonlé Sap, Camboya.

↑ *Planta depuradora clásica.*

↑ La construcción de lagunas es un sistema natural de depuración de agua respetuoso con el medio ambiente. Consiste en que el agua se cuela lentamente en varios estanques poco profundos con bastante extensión y llenos de vida: bacterias, algas, pequeños animales, insectos y vegetales se alimentan de la materia que encuentran en el agua contaminada. Otra parte se decanta y se deposita en el fondo de los estanques. Entonces se producen reacciones químicas que transforman las partículas tóxicas y las vuelven inofensivas. Al final del recorrido, el agua está filtrada, purificada, saneada y lista para ser utilizada.

←
Khalifa, Mauritania.
El agua llega a mi pueblo
a través de un acueducto
de más de mil años. Aún
funciona perfectamente.

TODO ESTÁ CONECTADO: EL AGUA, EL CLIMA, LA ALIMENTACIÓN, LA SALUD. El cambio climático aumenta las precipitaciones allí donde ya llueve (y a menudo de forma tan abundante que el agua corre directamente sin tener tiempo de ser absorbida) y la sequía en los lugares en los que ya falta agua. Por lo tanto, proteger la situación atmosférica es muy importante. Por ejemplo, los lagos son muy importantes para regular el clima. El agua es un acumulador de calor excelente y suaviza el clima local. Además, la evaporación de los lagos crea nubes que regarán los campos de manera natural. Mantener estas extensiones de agua es prioritario.

TODOS LOS SERES VIVOS NECESITAN AGUA para vivir y tener buena salud y todos deben estar de acuerdo para compartir este recurso precioso. Los gobiernos y las asociaciones internacionales intentan buscar soluciones juntos. Es vital. ¡Y urgente! Afortunadamente, existen más casos de cooperación que de conflictos en cuanto al agua. Todos los países están interesados en colaborar entre ellos para resolver los problemas del agua. De hecho, las poblaciones irán allí donde haya agua. Esto puede entrañar grandes migraciones y, por lo tanto, nuevas necesidades de agua en dichos lugares.

TODAVÍA SE PLANTEAN MUCHAS PREGUNTAS. ¿El agua debe ser gratuita? ¿Es un producto que se puede vender y comprar como los demás? ¿A qué precio?

↓ Cuando cubrimos una superficie con hormigón, el agua no puede penetrar en el suelo. Por eso existen revestimientos en las superficies de los aparcamientos que permiten que el agua de lluvia se infiltre en el suelo para regenerar las capas freáticas en vez de perderse por las alcantarillas hacia el mar.

En su oficina, mi madre y sus colegas han decidido cambiar sus hábitos. Sólo imprimen en papel reciclado, utilizan el reverso de las hojas usadas, si es posible, como papel para borradores. Además, hay cestas especiales para el reciclaje del papel. Si sabemos que la fabricación de papel requiere una gran cantidad de agua y que el papel reciclado es mucho más económico desde este punto de vista, las cantidades de agua que se ahorran mediante este pequeño cambio de costumbres son enormes.

← Louise, Bélgica.
En mi escuela, a petición de los niños, hemos cambiado las máquinas expendedoras de bebidas azucaradas por una fuente de agua

El agua es un tesoro

RESPETO EL AGUA PRECIOSA Y BUENA QUE LA TIERRA ME DA. Con cada pequeño gesto de mi vida cotidiana no la desperdicio y la contamino lo menos posible. Para ello, quizá tenga que cambiar alguna de mis costumbres, pensar más, informarme y hablar del asunto.

CUANDO ME LAVO, NO DEJO QUE EL AGUA CORRA INÚTILMENTE. Cierro el grifo mientras me cepillo los dientes, me ducho en vez de bañarme (una ducha de 4-5 minutos consume de 30 a 40 litros de agua; un baño, de 150 a 200 litros).

A VECES, EL AGUA PUEDE UTILIZARSE DOS VECES. Si he lavado alguna fruta o legumbres, por ejemplo, puedo aprovechar ese agua para regar las plantas.

UTILIZO LA MENOR CANTIDAD POSIBLE DE JABÓN y, si puedo, prefiero usar jabones naturales, ecológicos y biodegradables.

Del mismo modo, para el jardín o el huerto, intento **EVITAR LOS PRODUCTOS QUÍMICOS**, a menudo tóxicos, que se mezclan con el agua de la lluvia o de regadío y que contaminarán el agua durante mucho tiempo.

Existen otros medios ecológicos para proteger las legumbres y las frutas de los insectos y las enfermedades. Hay que informarse, vale la pena y no es muy difícil. Además, ¿es tan necesario destruir todas las "malas hierbas" pulverizándolas con productos químicos? Algunas de estas hierbas son muy útiles y al mismo tiempo indispensables para la biodiversidad.

La construcción de presas plantea problemas. Por un lado, estas reservas permiten regular el curso del agua, producen electricidad, garantizan el riego, etc. Pero, por el otro, las presas causan grandes desastres ecológicos y humanos. La inundación de una gran extensión de tierra destruye ecosistemas y, con ellos, animales y plantas. Pueblos enteros deben evacuarse y sus habitantes se ven "desplazados". Economizar la energía suele significar economizar el agua.

En Australia, es obligatorio indicar en las etiquetas el consumo de agua de los electrodomésticos como los lavavajillas o las lavadoras para que los consumidores puedan elegir y reducir su presión sobre los recursos hídricos.

→

Chung-Ho, Corea del Sur. Mi padre me está enseñando a pescar en el lago Ayer por la noche, cenamos mi primera captura.

ECONOMIZAR EL AGUA SIGNIFICA COMER MENOS CARNE. En efecto, la ganadería utiliza muchísima agua que podría ser utilizada en otra cosa.

TAMBIÉN SIGNIFICA COMER BIOLÓGICO. La agricultura biológica ahorra más agua y, sobre todo, no la contamina con productos tóxicos.

TAMBIÉN SIGNIFICA COMPRAR MENOS productos de consumo debido al agua que se utiliza en su fabricación. Si consumo menos, indirectamente estaré despilfarrando y contaminando menos agua. Pienso en qué me hace falta realmente y me informo.

¿TE HAS DADO CUENTA de lo presente que está el agua en nuestra vida y lo necesaria que es? El agua es escasa y frágil, necesita tu respeto.

¡AHORA TE TOCA A TI! Empieza con un pequeño gesto...

La presencia o la desaparición de algunos animales es una señal del estado de salud del medio ambiente. Las ranas, por ejemplo, son muy sensibles a la calidad del agua.

El suelo

Los volcanes expulsan muchos gases a la atmósfera que son necesarios para la vida. También funcionan como válvulas y regulan el calor interno de la Tierra.

→
Lala, África del Sur.
Pintamos nuestra casa
con los pigmentos que
extraemos de la tierra.

45

DE UN LUGAR A OTRO DE LA TIERRA, el suelo presenta aspectos muy diferentes: en un lugar, es desértico y arenoso; más lejos, verde; más allá, rocoso y cubierto de matorrales.

EL SUELO ES UNA FINA PELÍCULA que se encuentra sobre la corteza terrestre de la litosfera →⃞. Es una mezcla de rocas más o menos disgregadas y de partículas orgánicas procedentes de la descomposición de los vegetales y los animales muertos o de sus excrementos. El suelo es el soporte indispensable para todo ecosistema local. Hierve de vida.

EL SUELO RECIBE EL AGUA DE LAS LLUVIAS. La retiene en mayor o menor medida. El agua se infiltra y pasa al subsuelo para unirse a las capas freáticas →⃞. En la superficie, se forman ríos y riachuelos que cruzan la tierra hasta llegar a desembocar al mar.

EL SUELO ESTÁ EN CONTACTO CON EL AIRE. Intercambian permanentemente gases mediante la fotosíntesis y también a través de la descomposición vegetal y animal que produce gases, como el metano. También se producen interacciones entre el agua y el suelo gracias a las precipitaciones y a la evaporación. De este modo, la vida y la salud del suelo influye en la calidad del aire, del agua y de la evolución del clima.

Las "chimeneas de las hadas" en Turquía son un bello ejemplo de la erosión de rocas blandas.

Como si fueran una esponja, ciertos tipos de suelo almacenan el agua constituyendo así una enorme reserva de agua dulce muy útil en periodos de sequía.

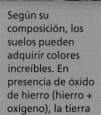

Según su composición, los suelos pueden adquirir colores increíbles. En presencia de óxido de hierro (hierro + oxígeno), la tierra adopta un color rojo y ocre, como en el Gran Cañón; la calcárea puede darle un color blanco; la presencia de mucho humus le dará un color marrón o negro; el cobalto la teñirá de un color azul verdoso, como en Verona...

Misha, Rusia.
Nuestros padres nos han dejado una pequeña parcela en el jardín. Yo he plantado judías.

Tocar el suelo

LA COMPOSICIÓN DEL SUELO VARÍA E INFLUYE EN EL TIPO DE ECOSISTEMA que en él se desarrolla: la fauna y la flora.

DEL MISMO MODO, LA VEGETACIÓN, LA FAUNA Y LA EROSIÓN DEL VIENTO O LAS PRECIPITACIONES INFLUYEN EN LA CALIDAD DEL SUELO y pueden enriquecerlo o empobrecerlo.

Por ejemplo, el bosque templado, muy extendido en el planeta puesto que lo encontramos en Europa, Asia y América, es el grado último de la evolución del suelo que está cubierto esencialmente por árboles de hoja caduca, es decir, que caen en otoño. El suelo de estos bosques es muy rico porque se nutre de este aporte vegetal. En él crece una gran variedad de musgo, flores, hierbas y arbustos. También tiene una fauna rica que encuentra de qué vivir.

Un suelo rico puede contener hasta cien millones de microorganismos por gramo. Esta mini fauna es el primer eslabón de todo un ecosistema.

Su trabajo lento permite al suelo cambiar de elementos químicos y agua y acoger vida.

ALGUNOS SUELOS PERMITEN LA AGRICULTURA.
Un buen suelo agrícola está compuesto por un 25 % de agua, un 25 % de aire, un 45 % de material mineral y un 5 % de humus →⃞. Es importante velar por mantener el equilibrio de una tierra fértil puesto que la alimentación de la humanidad depende de este recurso.

Una nueva técnica ecológica de fertilización agrícola ha tenido mucho éxito: la técnica del bosque fragmentado (BF). Se esparcen ramas recién trituradas por el suelo. Al degradarse, el BF constituye el punto de partida de una cadena de organismos vivos (bacterias, hongos,

gusanos, etc.) que remueven y nutren el suelo. La cultura del BF permite evitar enfermedades y no necesita apenas agua. También es una técnica muy eficaz para revitalizar los suelos muertos o gastados.

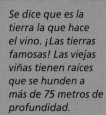

Se dice que es la tierra la que hace el vino. ¡Las tierras famosas! Las viejas viñas tienen raíces que se hunden a más de 75 metros de profundidad.

En el suelo se producen numerosas reacciones químicas y físicas. Un buen agricultor conoce su tierra y, si la observa cuidadosamente, puede determinar si le falta agua,

magnesio, potasio, humus, etc.

Issa, Camerún.
En mi pueblo, el espacio se reparte en diferentes zonas. Una zona para el consejo y la fiesta, un lugar para las actividades de limpieza, las tierras cultivables, el lugar de los animales, etc.

Los pies en la tierra

EL SUELO ACOGE LAS ACTIVIDADES Y VIVIENDAS DE LAS PERSONAS. Es el lugar en el que vivimos y al que damos forma con nuestro modo de vida y nuestra cultura generación tras generación. Es el territorio.

LAS TIERRAS RICAS Y POBRES ESTÁN REPARTIDAS DE FORMA DESIGUAL EN EL PLANETA. Las zonas muy húmedas o que se inundan de forma regular, al igual que el desierto, son poco acogedoras. Se vive más a gusto en las zonas que permiten la agricultura, que es la base de la supervivencia. El subsuelo también constituye la riqueza de una región: los minerales, las piedras, los combustibles fósiles, etc.

La huella ecológica es la medida del impacto ecológico correspondiente a una actividad, una persona, una población, etc.

Si dividimos la superficie útil disponible en la Tierra por el número de habitantes, obtenemos 1,92 hectáreas por habitante.

El suelo permite la agricultura que alimenta a los humanos, la gestión y la degradación de los desechos, la depuración del agua, la presencia de los bosques productores de oxígeno.

Existen diferentes métodos de cálculo de la huella ecológica pero todos llevan a la misma conclusión: los países desarrollados tienen una huella exagerada que se

extiende más allá de sus propias fronteras, hasta el punto de que harían falta varios planetas para aguantar su modo de vida. El mayor desafío consiste en reducir esta huella ecológica: disminuir

la contaminación y la producción de deshechos, modificar las prácticas agrícolas, ¡o seguir los consejos que se dan en este libro!

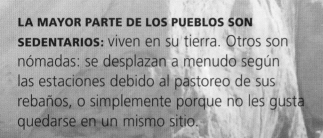

Suong, Camboya.
Me encanta dejar caer la arena entre mis dedos. Es la tierra de mis ancestros y me imagino que ellos hacían el mismo gesto y se sentían igual de bien.

LA MAYOR PARTE DE LOS PUEBLOS SON SEDENTARIOS: viven en su tierra. Otros son nómadas: se desplazan a menudo según las estaciones debido al pastoreo de sus rebaños, o simplemente porque no les gusta quedarse en un mismo sitio.

EL ACONDICIONAMIENTO DEL TERRITORIO es la forma en la que un grupo gestiona su territorio: el reparto del medio, las zonas de actividades económicas, las infraestructuras, la agricultura y la silvicultura y las zonas salvajes.

Teresa, España.
Las pilas contienen metales pesados
como plomo, mercurio y cadmio. Utilizo
la menor cantidad posible y las deposito
en contenedores para reciclaje.

Compartir el suelo

EL ESPACIO ES PRECIOSO y codiciado, sobre todo si el suelo es rico o propicio para la agricultura. Por todo el mundo, los hombres desencadenan guerras mortíferas para ocupar una región puesto que esto les permitirá satisfacer mejor sus necesidades vitales o porque quieren enriquecerse.

Como la población mundial aumenta sin cesar, el reparto del suelo es un problema importante.

Un suelo muerto es aquel en el que no hay gusanos ni plantas y, por lo tanto, tampoco se dan intercambios entre el aire y el suelo, ni regeneración, ni vida.

Se parece a un trozo de cartón seco.

El suelo sufre a causa de los pesticidas, herbicidas y contaminantes industriales, del aplastamiento debido a las máquinas pesadas, de la labranza que rompe los ciclos naturales, de la cobertura impermeable de las construcciones y de las catástrofes naturales.

Una de las consecuencias de un suelo muerto es la erosión. Ya no hay nada que retenga la tierra y, con la menor lluvia, el agua la arrastra hacia los ríos.

Es necesaria la tierra fértil para que los humanos puedan alimentarse. El fenómeno es tan importante que las lluvias provocan desastrosas avalanchas de barro o corrimientos de tierra. Los estanques, los ríos y los estuarios se llenan de agua demasiado rica o contaminada y los peces mueren asfixiados.

Sali, Chad.
Mi madre y yo llegamos en una barca llena a rebosar. Fue la policía quien nos trajo a este campamento. No sé qué va a pasar...

LA ACTIVIDAD HUMANA TIENE UN IMPACTO EN EL SUELO. Para instalarse, vivir y desplazarse, los hombres cavan zanjas, trazan rutas, pasan conductos de agua, de gas, cables eléctricos, etc. Además, cubren la tierra de hormigón, cemento y de asfalto. Las actividades del hombre generan desechos de todo tipo que hay que gestionar.

El suelo se ve modificado para responder a nuestras necesidades y a veces resulta gravemente dañado. Por ejemplo, los ciudadanos no tienen una percepción real del suelo e ignoran su importancia, hasta en la ciudad.

La urbanización →⊟ se produce rápidamente, las ciudades industriales se multiplican, a menudo en detrimento de la higiene y del medio ambiente. Las alcantarillas, indispensables, no se instalan con la velocidad suficiente, el suelo se cubre con las construcciones: se contamina y el agua ya no puede penetrar en la tierra.

El cambio climático acentúa los desastres: provoca el aumento del nivel del mar y el crecimiento del número de ciclones.

La proporción de suelo disponible se reduce bruscamente, la agricultura y el ganado se destruyen.

Bayi, Etiopia.
El camino que lleva a los pozos de agua es inaccesible: el suelo esta sembrado de minas antipersona. Es necesario desminarlo

Suelo minero

LA DESERTIZACIÓN GANA TERRENO. En todos los continentes preocupa este fenómeno pero sobre todo a África puesto que es el más vulnerable. Las causas son múltiples y todas están relacionadas: el cambio climático, la pérdida de la biodiversidad, la deforestación. Las zonas secas no son las únicas afectadas: las regiones húmedas se desertizan igualmente. De hecho, los habitantes de estas zonas deforestan para agrandar sus campos, el suelo se agota, el rendimiento agrícola empeora y se deforesta aún más. Este círculo vicioso empobrece el suelo, después la vegetación, la fauna y al final afecta al hombre. Además, la ganadería se desarrolla y necesita tanta agua que el suelo se seca. La desertización es un problema crucial puesto que acarrea hambre y éxodos.

La agricultura intensiva y la cultura de los organismos genéticamente modificados (OGM) se ha desarrollado para responder a las necesidades alimenticias crecientes de las ciudades. Pero los daños causados al suelo, entre otros, son catastróficos. La tierra aplastada por las máquinas y los tractores se agota debido a los monocultivos, se vacía de sustancias nutritivas y no tiene tiempo para regenerarse. Como no se enriquece de manera natural mediante el aporte de humus, cada vez es menos productiva, incluso estéril; se hacen grandes esfuerzos para abonarla pero los pesticidas y la continua explotación aceleran aún más su deterioro.

En la embriaguez del auge industrial a principios del siglo XX, pensamos muy poco en las consecuencias que dichas actividades tendrían en la naturaleza; ni tampoco en los graves problemas de salud que surgirían alrededor de las zonas industriales debido a la polución que se generaría. Ahora, estos lugares se descontaminan lo más a menudo posible.

Es complicado y muy caro pero indispensable. El caso más frecuente es el del suelo contaminado a causa de los hidrocarburos o de los metales pesados. Una pequeña cantidad de contaminante puede acabar con una superficie muy importante.

La mayoría de los países velan por que se ahorre suelo y se proteja de este tipo de contaminación.

La erosión es la primera consecuencia de la explotación intensiva del suelo y representa una pérdida enorme puesto que se necesitan casi mil años para recuperar naturalmente un suelo rico.

La pérdida de la productividad debida a esta erosión es una amenaza directa para la alimentación humana.

Un suelo muerto no retiene el agua ni la filtra por lo que disminuye aún más la capacidad de supervivencia de la fauna, de la flora y de las personas que habitan en él.

Un suelo que se empobrece conlleva la desaparición de numerosas especies.

Un suelo que se empobrece pierde carbono en forma de CO_2 y acelera el calentamiento climático mientras que un suelo sano captura CO_2.

Finalmente, un suelo pobre tiene menos capacidad de autorregenerarse. Es el comienzo de un proceso infernal que desemboca en la desertización.

En 2006, la Comisión europea evaluó que una sexta parte del suelo europeo está sometido a la erosión por parte del viento y del agua y que la mitad del suelo se ha empobrecido debido a las técnicas agrícolas. Se censaron más de 3 millones y medio de lugares afectados por materiales contaminantes.

← Liadan, Irlanda.
Cada año, dejamos una parcela en barbecho ⇥. No la cultivamos y así el suelo tiene tiempo de respirar.

Cuidar el suelo

AL IGUAL QUE LAS PLANTAS, CUANDO LA GENTE HABLA DE SUS RAÍCES, EVOCAN EL SUELO EN EL QUE VIVEN. Esta comparación ilustra muy bien la importancia vital que tiene el suelo para todos, no es sólo cultural o social. La salud y la seguridad de la humanidad depende, entre otras cosas, de la buena salud del suelo; razón de más para preocuparse.

PROTEGER Y PLANTAR ÁRBOLES Y VEGETALES CONTRIBUYE DE FORMA EFICAZ A PROTEGER EL SUELO: retienen el agua, alojan a la vida animal, crean humus y nutren a la tierra.

Todo lo que viene de la tierra debe volver a ella: este principio tan sencillo es una buena guía para la conservación del suelo.

Los arbustos protegen la tierra de la erosión, son los «pasillos» naturales para la biodiversidad y facilitan la infiltración de agua en el suelo.

Para proteger a las especies en peligro de extinción, Europa ha creado las zonas Natura 2000: son espacios naturales en los que la fauna, la flora y el suelo están protegidos pero en los que la actividad humana es posible siempre que no sea perjudicial para la biodiversidad y los recursos naturales. Se puede criar ganado pero de manera intensiva, por ejemplo.

En Suecia, y en otros países, las estaciones depuradoras de agua eliminan las sustancias tóxicas presentes en los lodos residuales gracias a plantaciones de sauces. Estos árboles consumen mucha agua, crecen muy rápido y absorben fácilmente los elementos peligrosos. Se talan de manera regular y son utilizados como madera combustible en calderas muy modernas, equipadas con filtros que recogen los contaminantes del humo.

Ornella, Italia.
Algunos habitantes de mi pueblo han creado
un huerto colectivo cerca de mi casa. Todos los
miércoles, voy a trabajar allí con mi padre. Cada vez
somos más gente. Siempre me llevo las legumbres
de la semana y un bonito ramo de flores.

EXISTEN MUCHOS MÉTODOS PARA CULTIVAR LA TIERRA. Algunos estropean el suelo: debemos evitarlos y decantarnos por los métodos que están de acuerdo con la vida de la tierra. Cuanto más respete y aproveche una práctica el ciclo de la naturaleza, más durará y más beneficiosa será para el suelo y para la humanidad. Por ejemplo, la siembra directa no necesita labranza, la agricultura biológica mejora el aporte de materia orgánica al suelo y su textura, la permacultura alcanza una calidad de suelo cercana a la del humus de los bosques.

Con las viviendas, los edificios y todas las infraestructuras que construye el hombre, las técnicas que utiliza respetan más o menos el suelo. Podemos elegir construir limitando al máximo los posibles daños ocasionados por el espacio ocupado y su entorno. Por ejemplo, concentrando las viviendas: las instalaciones sanitarias y la gestión de desechos son mucho más ecológicas y respetuosas con el suelo (y con el agua y el aire) cuando se comparten entre varias viviendas.

Al sur de Níger, en pleno Sahel, miles de hectáreas han reverdecido, la pobreza retrocede y el agua y la madera para combustible reaparece. Las soluciones aplicadas son simples: reforestación, protección del crecimiento de los árboles, fijación de dunas para que la arena no invada los campos y captación del agua de lluvia.

← Matthew, Inglaterra. Nuestro juego favorito es bañarnos en barro en una poza en la colina. Son auténticas competiciones de risa.

Adoro la tierra sobre mi piel

Boca abajo en el suelo, sobre la hierba o la arena, siento la tierra vivir. Sin ella, no hay nada: nada de comida, ni ríos, ni animales, ni sitios para jugar ni para correr. El suelo es precioso y puedo protegerlo mediante pequeños y grandes gestos.

TODO LO QUE TIRAMOS AL SUELO O TODO LO QUE ENTERRAMOS PUEDE TENER CONSECUENCIAS NEGATIVAS SOBRE SU CALIDAD y tampoco estará en condiciones de cumplir su papel natural. Por eso no tiro nada al suelo y busco la mejor manera de deshacerme de mis desechos. Para conseguirlo, intento comprender de qué están compuestos estos deshechos (plástico, productos químicos, materia orgánica, metal, aceites, etc.) y me informo sobre la mejor manera de tirarlos.

Está claro que es en el momento de la compra de los alimentos o de otros productos cuando puedo hacer ese gesto por el planeta evitando todo aquello que le perjudica.

Las viviendas colectivas van con el ambiente de nuestro tiempo. Cada vez más familias deciden construir sus viviendas juntas de manera que se reduzca lo máximo posible su huella ecológica.

Comparten infraestructuras y tienen más medios todos juntos para instalar paneles solares, una caldera ecológica, un sistema de lagunas, un huerto, etc. Todo esto además de pensar que la vida social es amistosa y agradable.

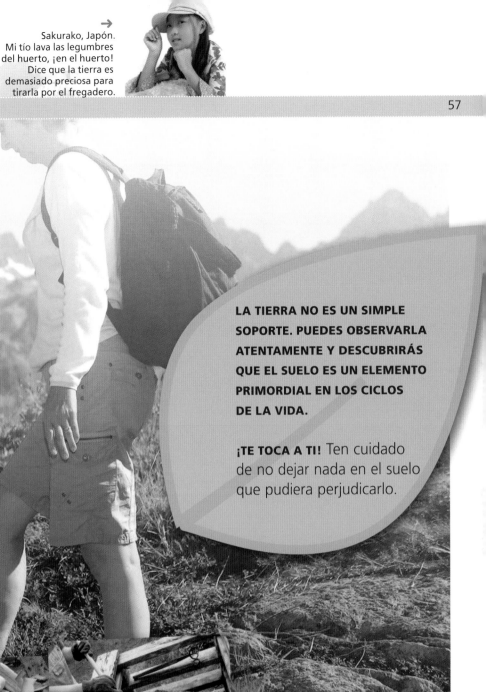

Sakurako, Japón. Mi tío lava las legumbres del huerto, ¡en el huerto! Dice que la tierra es demasiado preciosa para tirarla por el fregadero.

La arcilla cura la piel, los esguinces...

LA TIERRA NO ES UN SIMPLE SOPORTE. PUEDES OBSERVARLA ATENTAMENTE Y DESCUBRIRÁS QUE EL SUELO ES UN ELEMENTO PRIMORDIAL EN LOS CICLOS DE LA VIDA.

¡TE TOCA A TI! Ten cuidado de no dejar nada en el suelo que pudiera perjudicarlo.

Es muy fácil crear un compost reuniendo todos los desechos del jardín y de la cocina. Una vez biodegradados, se transforman en un abono natural de primera calidad.

Las ciudades ultramodernas organizan compost colectivos. El beneficio es doble porque la cantidad de desechos incinerados o tirados al vertedero disminuye.

las fibras

Los gusanos de seda crecen en un árbol, la morera. Los chinos desarrollaron una técnica que permite devanar los capullos para obtener hilos de seda. De un capullo de algunos centímetros se puede obtener de 800 a 1.500 metros de hilo.

La seda es extremadamente sólida, fina y aislante. Un hilo de 1 milímetro de diámetro aguanta un peso de 45 kilos.

Una antigua técnica para endurecer y solidificar la madera consiste en dejarla a remojo durante varios años.

Nastasia, Hungría.
Mis amigos y yo hemos construido
una cabaña de madera y hojas.
¡Nuestro tejado no lo traspasa
ni una gota de lluvia!

LAS FIBRAS SON MATERIALES, COMO HILOS, que se presentan en haces. Estos materiales son naturales (vegetales, animales o minerales) o artificiales (químicos y sintéticos).

UNA INFINIDAD DE ÁRBOLES Y PLANTAS CRECEN POR TODA LA TIERRA. Están formados por fibras que les dotan de estructura y de una cierta rigidez.

LAS FIBRAS ANIMALES como la lana provienen del pelaje de algunos animales. La seda procede del capullo de la oruga de la mariposa.

LAS FIBRAS ARTIFICIALES (de las que la calidad de fibra la "construyen" los hombres) se producen a partir de materiales naturales como la viscosa o la fibra de leche, o a partir de productos químicos.

Fibras utilizadas por el hombre				
Fibras naturales			Fibras artificiales	
Vegetales	Animales	Minerales	Químicas	Sintéticas
Algodón, lino, cáñamo, bambú, paja, yute, coco, retama, rafia, todo tipo de madera	Lana de oveja, de camello, de yak, de conejo, de cabra, de alpaca; seda.	Vidrio, hierro, cobre, amianto.	Viscosa, cupro, modal, lyocell, seacell, lenpur, alginato, fibra de maíz, fibra de leche.	Poliámidos, poliesteres, clorofibras, acrílicos, vinílicos, polipropileno, poliuretano, lana de vidrio.

En Europa, las iglesias y los graneros construidos de madera maciza tienen más de 700 años y siguen intactos.

Sin embargo, desde el siglo XIX, muchas de las estructuras de los edificios se han construido de metal o de hormigón.

Actualmente, la madera está otra vez en auge porque aguanta mucho mejor los incendios que el metal (el acero se funde rápidamente mientras que la madera está

protegida por una fina capa quemada que ralentiza la combustión), es un material natural y es mucho más sano que el cemento y el yeso que llevan sustancias tóxicas.

Además, su producción almacena más CO_2 del que libera; está lejos de ser el caso de otros materiales.

En el mundo se construyen más casas y barcos de madera que del resto de materiales juntos.

←
Armando, Perú.
Me han regalado un jersey acrílico pero siempre tengo frío. Prefiero ponerme mi jersey de lana: nunca tengo ni demasiado calor ni demasiado frío.

Fibras de vida

DESDE SIEMPRE, EL HOMBRE HA EXTRAÍDO FIBRAS NATURALES. El algodón se cultiva y se trata hasta obtener hilo. Los capullos de los gusanos de seda se devanan y se enrollan en bobinas. Después, los hilos de seda o de algodón se tejen, se trenzan y se cosen para fabricar ropa.

LA MADERA ⇥, LEÑOSA Y BIEN SÓLIDA, se une para construir viviendas.

LOS USOS DE LAS FIBRAS NATURALES SON MUY NUMEROSOS: papel, tejidos y textiles, cuerdas, embalajes, sacos, cestas, muebles, materiales de construcción, cubiertas de lona, redes, lápices, instrumentos musicales...

Al trabajar las fibras podemos: 1) transformarlas en hilo más o menos grueso; 2) tejerlas manualmente o con la ayuda de máquinas para obtener telas (algodón, lino, etc.), telas de lana, alfombras, etc.; 3) unirlas en cestería para hacer cestas, muebles; 4) paja para los techos, "lanas" aislantes, para las casas, etc.; 6) cuerdas de cáñamo...

En todos los países del mundo, una gran cantidad de personas se calienta y cocina quemando madera. Cuando está disponible, la madera es fácil de explotar y renovar.

Las fibras son en general muy buenos aislantes. La lana protege del frío pero también del calor. Los habitantes del desierto llevan ropas de lana que les protegen del sol y del viento.

Tener fibra

LAS FIBRAS ARTIFICIALES se producen a partir de materiales naturales pero elaborados por el hombre. Por ejemplo, la viscosa o "seda artificial" se produce a partir de la pulpa de los árboles y, actualmente, de forma totalmente sintética (química). Con ella hacemos ropa, esponjas vegetales, textiles que protegen el interior de los neumáticos...

LAS FIBRAS SINTÉTICAS son fibras puesto que también presentan una estructura, una textura cuyas cualidades de solidez, aislamiento o forma se parecen a las de las fibras naturales. La mayor parte de ellas requieren mucha energía para su producción. Pero la enorme ventaja es que esta producción es continua: es inútil esperar a la época del esquileo o de la recogida.

La fibra óptica es un hilo de vidrio o de plástico que permite conducir la luz.

Se utiliza en la transmisión de información y para las telecomunicaciones. Se llama fibra porque se presenta en forma de hilo pero no está tejida ni trenzada.

← Georges, Francia.
A las arañas no
les gustan los
castaños. Las polillas
huyen del cedro.

63

La lana de vidrio (fibra sintética) se utiliza como aislante en los edificios. Puede causar alergias.

La fibra de carbono es un material sintético particularmente sólido, ligero y moldeable.

Debido a sus cualidades sirve para fabricar naves espaciales, bicicletas, aviones, instrumentos musicales y alguna ropa especializada.

Pero es imposible de reciclar y se sospecha que es peligrosa para la salud, al igual que el amianto.

→
Marta, Eslovenia.
En el colegio, nos animan a comprar material escolar ecológico y natural como papel reciclado, lápices no tratados y archivadores de cartón.

A falta de fibra...

LOS ÁRBOLES Y LAS PLANTAS ABSORBEN SU ALIMENTO DEL SUELO y consumen mucha agua. Para que los millones de seres humanos tengan la madera y la fibra suficiente, es necesario mantener la riqueza del suelo y preservar el agua dulce.

COMO LAS NECESIDADES SON ENORMES, se busca producir más vegetales y madera más rápidamente. La tentación de decantarse por la cultura de los OGM es muy grande así como de utilizar los cultivos intensivos con los riesgos que eso conlleva para la salud de las personas y de la Tierra.

La producción de ropa fabricada con fibras sintéticas es, en general, más barata. Inundan los mercados mundiales para seguir las modas. Pero su fabricación exige a menudo mucha energía, genera mucho transporte y desechos. Además, las condiciones de trabajo de los obreros de este campo suelen ser precarias.

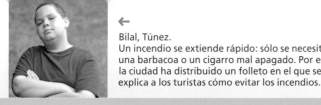

Bilal, Túnez.
Un incendio se extiende rápido: sólo se necesita una barbacoa o un cigarro mal apagado. Por eso, la ciudad ha distribuido un folleto en el que se les explica a los turistas cómo evitar los incendios.

La demanda mundial de energía y el precio del petróleo aumentan. En busca de soluciones, la industria energética se interesa cada vez más por las fibras vegetales como la madera pero también por la soja, la jatrofa, la caña de azúcar...

El rendimiento de este tipo de agricultura es impresionante, pero se plantean otros problemas: 1) la superficie disponible no sería suficiente para satisfacer el consumo actual; 2) el cultivo de estas plantas compite con la producción alimenticia porque ocupa las superficies agrícolas así que millones de personas no tendrán lo suficiente para comer; 3) estos cultivos son monocultivos intensivos con las consecuencias que esto conlleva (abono, degradación del suelo y de la biodiversidad, OGM...).

El desarrollo económico de China es increíble. Para mantener su rápida evolución, necesita una gran cantidad de materias primas, como fibras vegetales (celulosas).

Las cantidades de madera que compra a Europa, Rusia, Malasia o Indonesia son tan enormes que grandes bosques corren peligro de desaparecer si no se gestiona correctamente.

El problema es real: hay menos madera disponible para los aserraderos locales.

La demanda es tal que China, al no encontrar madera suficiente, importa cantidades gigantescas de papel y cartón usado para reciclar las fibras.

Puntada sin hilo

El escándalo del amianto

A pesar de que conocemos los peligros que entraña desde hace mucho tiempo (Plinio el Viejo (23-73 DC) ya notó que aquellos que tejían el amianto sufrían lesiones de pulmón), la industria ha utilizado el amianto de manera masiva exponiendo a sus trabajadores, a los habitantes de los alrededores de las fábricas y a todos los usuarios de sus productos. Las partículas de amianto, microscópicas, liberadas en el aire provocan cáncer y enfermedades respiratorias muy perjudiciales o mortales. Miles de personas se han contaminado, han muerto o sufren todavía las consecuencias. La expresión "escándalo del amianto" denomina el problema de sanidad pública que aún no se ha resuelto: de hecho, aún hay que "desamiantar" miles de edificios (oficinas, hospitales, escuelas...). En la actualidad, el escándalo continúa de manera "encubierta": las industrias europeas y estadounidenses han simplemente trasladado las fábricas a Brasil, Asia o África.

Ejemplo tipo de un problema de gestión de desechos (monumental).

En 2005, Francia envía su portaaviones desclasificado a un astillero en la India para su desmantelamiento.

Las asociaciones medioambientales señalan que el barco es un desecho tóxico lleno de amianto.

Las autoridades indias piden un experto. Bajo la presión internacional, las autoridades francesas tuvieron que repatriar el barco.

Finalmente será desmantelado en un astillero especializado en Inglaterra.

←

Elza, Letonia.
La tienda de comida de mi barrio mete las compras en bolsas de almidón de maíz. Son biodegradables y se pueden compostar.

67

EL CONSUMO DE FIBRAS VEGETALES ES LA CAUSA DE LA DESTRUCCIÓN DE LOS BOSQUES Y DE MÚLTIPLES CATÁSTROFES: desertización, pérdida de los recursos locales de madera para la calefacción y la construcción, disminución del papel purificador del aire mediante la fotosíntesis, hambre, empobrecimiento de la población y disminución de la calidad de vida.

LAS FIBRAS SINTÉTICAS PRESENTAN UN GRAN INCONVENIENTE: no se degradan fácilmente, a veces contienen sustancias tóxicas, alérgenos y son difíciles de reciclar. Son un desecho extra que hay que tratar y una fuente de contaminación.

En 2003 el verano fue caluroso: los incendios catastróficos arrasaron bosques en el mundo entero: 417.000 hectáreas en Portugal, 23,7 millones de hectáreas en Rusia (casi la superficie de Inglaterra), 2,8 millones de hectáreas en los Estados Unidos, 60 millones en Australia.

Demasiados incendios se deben a la negligencia (o a culpa) del hombre. En Ruanda, en 20 años, más de un tercio de los bosques ha desaparecido.

Los recursos forestales desaparecen. Gobiernos y asociaciones afirman que es indispensable darles tiempo a los bosques para que se regeneren de forma regular.

Léna, Noruega.
¡En China, vi montones
de bambú que se utilizaba
para la construcción
de rascacielos!

Cuidar las fibras

LO QUE LA TIERRA PRODUCE DEBE VOLVER A LA TIERRA: este principio ecológico permite que el planeta se regenere. Las fibras naturales (como la madera) o transformadas pueden descomponerse para formar compost o degradarse progresivamente para integrarse en el suelo.

PARA TRATAR LAS FIBRAS, la madera y los materiales naturales, hay que utilizar productos no contaminantes (pinturas, tintes) con el fin de evitar que un día el suelo, el aire y el agua se vuelvan tóxicos.

En Francia, numerosas asociaciones recogen miles de toneladas de ropa cada año, la seleccionan y la venden en tiendas de segunda mano a precios muy interesantes.

El resto, si está hecha de fibra natural, se trata para transformarla en aislante o en papel. Las asociaciones de este tipo existen en muchos países y dan trabajo a mucha gente.

Son empresas de economía social que intentan aunar el respeto por la naturaleza, la creación de empleo y el desarrollo de una sociedad duradera.

LA GESTIÓN DURADERA DE LOS BOSQUES
es una de las preocupaciones principales de
asociaciones internacionales como WWF →,
la FAO → y de muchos países que son
conscientes de los riesgos que entraña una
explotación forestal incontrolada en un
momento en el que la demanda mundial de
madera es muy importante. Una etiqueta
internacional garantiza que la madera puesta a
la venta procede de bosques bien gestionados y
asegura que se ha respetado el medio ambiente
y los derechos sociales de los trabajadores.
Se indica mediante las siglas "FSC".

Una casa hecha de paja y de arcilla: sólida, sana, respetuosa con la naturaleza y totalmente biodegradable. Cuando haya pasado su tiempo, no generará desechos perjudiciales y todos sus componentes podrán volver a la tierra. Mientras tanto, sus ocupantes disfrutan de una vivienda agradable y bien aislada.

Otro aislante natural: la fibra de cáñamo.

Con cada compra, el consumidor que elige un algodón industrial o ecológico alienta su producción en el otro extremo del mundo.

La solución: informarse bien antes de elegir.

Millones de pequeños productores dependen del cultivo del algodón.

El cultivo industrial entraña la utilización masiva de pesticidas malos para el suelo, el agua y la humanidad.

El algodón biológico exige mano de obra, respeta la salud y el medio ambiente pero ofrece un rendimiento menor.

Sin embargo, en Benin, por ejemplo, el cultivo biológico del algodón es lo suficientemente rentable como para ofrecer una vida decente a su población.

Samila, Montenegro.
Mi madre me ha cosido una mochila estupenda con retales de telas y un pantalón agujereado. ¡No hay ninguna otra como la mía!

70 Acciones personales

Fibra verde

CONSUMIR FIBRA: SI, ¡PERO NO CUALQUIERA!

Ya sea ropa, zapatos, juguetes, muebles, legumbres, cereales, etc. es mejor comprarlos biológicos, ecológicos y naturales.

Puedo actuar para que se protejan los vegetales y cumplan plenamente su papel en el medio ambiente.

- Cada vez que sea posible, prefiero comprar de segunda mano.

- Hago compost con todo lo que puedo: desechos de legumbres, fruta, madera, bolsas biodegradables, etc.

- Animo a los que me rodean a tomar decisiones respetuosas con la naturaleza: muebles, materiales de construcción, etc. y a informarse para encontrar alternativas ecológicas.

- Planto un árbol.

- Respeto y protejo las plantas.

- Como fruta, legumbres y vegetales.

- Los muebles y los objetos pueden vivir una segunda vida: los arreglo, los reparo, los repinto, los transformo, etc.

En la alimentación, las fibras vegetales tienen una gran importancia. Las encontramos en la fruta, en las legumbres y en los cereales integrales. Hacen trabajar a los intestinos y favorecen la digestión. Comer fibra previene la obesidad puesto que calma la sensación de hambre. Las fibras, primer eslabón de la cadena alimenticia, vuelven a la tierra donde se descomponen y la enriquecen como abono natural. Nuevos vegetales podrán crecer y producir nuevas fibras. El ciclo se completa.

Hector, Macedonia.
He construido una cabaña de
bambú y cuerda con mis amigos.
Nos reunimos en ella cuando hace
mal tiempo o demasiado calor.

71

Ya sea para muebles, marcos de las ventanas o para la construcción de una casa, es preferible elegir madera local. Así garantizaremos el trabajo en el campo que nos rodea y el transporte, que consume mucha energía y contamina, se limitará. Además, si la madera lleva el distintivo FSC, significa que el bosque del que proviene se conserva y se renueva. Todo esto sin contar con que la madera de construcción almacena CO_2 durante mucho tiempo. Así beneficiamos el clima y la calidad del aire.

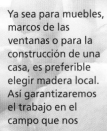

¡OBSERVA BIEN A TU ALREDEDOR! ENCONTRARÁS FIBRAS POR TODAS PARTES: EN TU ALIMENTACIÓN, EN LOS OBJETOS DE TU VIDA COTIDIANA, EN TUS JUGUETES, EN TU ROPA, EN TU HABITACIÓN...

¡TE TOCA A TI! Piensa en todo esto cuando vayas a comprar.

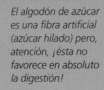

El algodón de azúcar es una fibra artificial (azúcar hilado) pero, atención, ¡ésta no favorece en absoluto la digestión!

Biodiversidad

Existen numerosas de variedades de maíz: se diferencian por los genes.

De diferentes colores, salvajes o en cultivos, algunos resisten el frío, otros toleran bien la sequía o son particularmente nutritivos, etc.

Del mismo modo, en la tierra encontramos cientos de especies de moscas diferentes.

¡Se estima que el número de especies vivas alcance casi los 30 millones! Pero sólo se han descrito cinco millones hasta ahora.

Cada año, se descubren nuevas...

En las montañas, se encuentra una cuarta parte de la biodiversidad terrestre.

GENES, ESPECIES, ECOSISTEMAS: TODA ESTA RIQUEZA ES LA BIODIVERSIDAD, LA INMENSA VARIEDAD DEL MUNDO VIVO: desde virus y bacterias invisibles hasta los árboles más grandes y los mamíferos pasando por todo tipo de plantas, peces, algas, insectos y los medios en los que evolucionan.

TODOS LOS SERES VIVOS EVOLUCIONAN EN UN MEDIO NATURAL que les conviene, al que se adaptan. Son los ecosistemas. Las especies se desarrollan en ellos en buenas condiciones, encuentran alimento, crecen, se reproducen... Se crea un equilibrio natural.

LAS ESPECIES ANIMALES Y VEGETALES EVOLUCIONAN lentamente en el tiempo a medida que crecen pero también según las adaptaciones al medio que, a su vez, también se transforma.

El cuello de la jirafa, por ejemplo, se ha alargado. Se duda entre dos explicaciones: que se haya alargado para alcanzar las hojas más altas porque ya se habían comido todas las que se encontraban a su altura, o que algunas jirafas nacieron con el cuello más largo y ellas sobrevivieron porque encontraron el alimento suficiente.

Algunas especies, como los árboles frutales, por ejemplo, se han transformado según la selección impuesta por el hombre; se cree que algunos desaparecerían si el hombre dejara de cultivarlos.

¡La biodiversidad en cifras! Nosotros pertenecemos al grupo de los vertebrados como los pájaros, las ballenas, las vacas, etc.

Grupo	Especies ya descritas	Especies por describir
Virus	5.000	500.000
Bacterias	4.000	400.000
Hongos	70.000	1.000.000
Protozoos	40.000	200.000
Vegetales	250.000	300.000
Vertebrados	45.000	50.000
Nematodos	15.000	500.000
Moluscos	70.000	200.000
Crustáceos	40.000	150.000
Arácnidos	75.000	750.000
Insectos	950.000	8.000.000

La riqueza de un mundo vivo

LA BIODIVERSIDAD ES INDISPENSABLE PARA LA SUPERVIVENCIA DEL HOMBRE porque extrae su alimento de la naturaleza. Necesita una alimentación variada para tener buena salud: debe consumir proteínas, minerales y vitaminas que encuentra en abundancia en frutas, legumbres, cereales, frutos secos, en las semillas pero también en el pescado y en la carne.

↑ *El ginkgo biloba es un árbol secular. Los chinos conocen sus propiedades terapéuticas desde hace mucho tiempo. Los investigadores han demostrado que sus hojas pueden tratar la enfermedad de Alzheimer y mejorar la circulación sanguínea.*

La fitoterapia es una medicina tradicional muy antigua que utiliza las plantas: se remonta más allá del año 3.000 AC. Frescas o secas y molidas, las plantas son ingredientes para la composición de tisanas, bálsamos o medicamentos.

LA RIQUEZA VEGETAL TAMBIÉN PERMITE CURAR: las sustancias de las plantas contienen principios activos →⧉ que el hombre observa y utiliza para fabricar medicamentos. Por ejemplo, la dedalera, magnífica flor de la cuenca mediterránea, produce la digitalina que, en la dosis adecuada, se emplea en remedios para el corazón pero que, mal dosificada, ¡es un veneno!

Los botánicos y los farmacólogos investigan sin cesar nuevos principios activos para curar.

Campos de lavanda en Provenza, Francia, para la producción de perfumes y medicamentos.

Los insectos son muy útiles. Por ejemplo, permiten la polinización de numerosas especies vegetales: la abeja va de flor en flor, transporta el polen que luego deposita sobre el pistilo femenino. La flor se fecunda así para dar su fruto.

Por otro lado, los insectos forman parte de la cadena alimenticia: ellos se alimentan de plantas, son comidos por otros animales que también serán comidos por otros animales que constituyen el alimento de las personas que... a su vez, desechan materia orgánica que enriquece la tierra en la que crecen las plantas que...

Las cadenas alimenticias contribuyen al equilibrio de los ecosistemas.

← Santino, Cerdeña. En mi región, pescamos atún a grandes profundidades donde no se corre el peligro de atrapar otros peces que no sirven.

La riqueza del mundo vivo

LA BIODIVERSIDAD NOS PROPORCIONA también todo tipo de materiales: madera para viviendas o barcos, lana de oveja y algodón para ropa...

LA NATURALEZA DESEMPEÑA DIVERSAS FUNCIONES: los vegetales retienen agua y permiten que ésta penetre lentamente en el suelo que la filtra de manera natural, la fotosíntesis →⧉ purifica el aire, las extensiones de agua, las nubes y las corrientes marinas regulan el clima.

PASEAR POR EL BOSQUE, contemplar el mar, observar la bulliciosa y minúscula vida a lo largo de un río, escuchar a los pájaros, soñar en el fondo de un valle, sorprendernos de la riqueza de la vida misma en pleno desierto... Todo esto también es la biodiversidad.

LA NATURALEZA ES UNA FUENTE DE BIENESTAR y de paz. La belleza y la variedad de la naturaleza inspira, renueva, tranquiliza...

Australia realiza un esfuerzo muy importante para gestionar de manera razonable los océanos. Protege rigurosamente la calidad del agua y la cantidad de peces gracias a la acuicultura. Los investigadores experimentan y mejoran sin cesar las técnicas de pesca que permiten capturar sólo los tipos de pescado destinados al consumo (en función del tamaño de la malla de las redes, por ejemplo). Los resultados son esperanzadores. Allí donde se utilizan estos métodos, la cantidad de peces se regenera.

Anja, Países Bajos.
Este año, estuve en Bielorrusia con mis padres.
Viajamos en bicicleta a lo largo de ríos, de rutas
históricas y de vías. Son corredores de la naturaleza
muy favorables a la biodiversidad. ¡Fue increíble!

77

El delfín embajador: no es una especie nueva, este tipo de delfín se interesa por el hombre, se acercan, juegan e incluso se comunican con él. Existen relatos que se remontan hasta la antigua Grecia que cuentan cómo los delfines guiaron a marineros perdidos hasta el puerto. Está claro, ¡la naturaleza nos ama!

Esquileo de una cabra. Su lana, muy ligera, tiene una gran capacidad aislante, tanto del calor como del frío. Asia menor.

Jardín japonés. Los japoneses son maestros en la creación de espacios en los que la naturaleza invita a la meditación, al descanso...

Hierro forjado inspirado en formas vegetales.

Desaparición de especies

NUMEROSAS ESPECIES ESTÁN EN VÍAS DE EXTINCIÓN O CORREN UN GRAN PELIGRO. Durante los últimos cincuenta años, y cada vez más de forma irreversible, han desaparecido millones de especies. Este retroceso de la biodiversidad se debe principalmente a la degradación de los ecosistemas. Los suelos se han estropeado, contaminado, se han destruido los bosques, la calidad del aire y del agua se ha reducido porque el hombre ha explotado los recursos naturales sin precaución, sin reflexionar a largo plazo ni sobre las consecuencias de su intervención. El crecimiento demográfico y los modos de vida provocan necesidades cada vez mayores de alimentación, de madera para calefacción, de fibras y de energía que podrían satisfacerse de forma mucho más racionada, ecológica y duradera.

Monocultivo de girasol, Estados Unidos.

En Asia, el monocultivo de palma de aceite gana terreno a los bosques. De golpe, los orangutanes han perdido el 90 % de su hábitat natural.

Según la "Organización para la Agricultura y la Alimentación" de las Naciones Unidas (la FAO), de casi unas 250.000 especies vegetales apropiadas para el cultivo, hoy en día no se cultivan más que unas 7.000. Más de la mitad de la alimentación humana se basa en 3 únicos productos: el arroz, el maíz y el trigo. La mayor parte de estos cultivos está industrializada y se utiliza sólo un número reducido de sus diferentes variedades. Estos monocultivos intensivos son frágiles y sensibles a las perturbaciones del medio ambiente. Si una enfermedad ataca gravemente a una de estas especies, todo el cultivo podría verse arrasado, desaparecer y provocar hambruna. Una mayor diversidad disminuiría este riesgo.

Bajo la nueva carretera, se ha construido un paso ecológico →⊟ para que los ciervos, los zorros y los demás animales puedan cruzar de un lado a otro del bosque para llegar a los puntos de agua.

GRANDES SUPERFICIES DE BOSQUE SE CONVIERTEN EN TERRENOS AGRÍCOLAS para desarrollar monocultivos intensivos. En estas zonas, sólo subsiste una especie vegetal, o muy pocas más. Por lo tanto, por mucho que sobrevivan a las dosis de pesticidas, los animales mueren y desaparecen puesto que ya no consiguen encontrar el alimento que más les conviene.

A parte del desarrollo de los monocultivos, las causas del receso de la biodiversidad son numerosas: catástrofes naturales y climáticas, deforestación, actividades industriales, uso de pesticidas y otros productos químicos tóxicos para el medio ambiente, extensión de zonas urbanas, etc.

En algunas regiones del mundo, se cultivan OGM (organismo genéticamente modificado por el hombre). Son "plantas fábrica" utilizadas para producir masivamente medicamentos y alimentos o para extraer biocombustibles. Se cultivan de manera intensiva para conseguir una gran rentabilidad. Además de los monocultivos y la utilización cada vez mayor de pesticidas, otra de las preocupaciones que suscitan los OGM es su proliferación puesto que pueden contaminar a otras especies y transmitirles sus genes modificados. Ahora bien, numerosos científicos se preguntan si estas modificaciones no tienen un efecto negativo sobre la biodiversidad y la salud humana. Insisten en que esperemos a estar seguros de que son inofensivos antes de utilizarlos. Es el famoso "principio de precaución" de la Declaración de Río de Janeiro de 1992.

Riesgo de hambruna

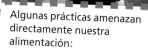

Algunas prácticas amenazan directamente nuestra alimentación:

• La ganadería intensiva y el uso de harina animal para alimentar a las vacas ha dado lugar a la epidemia de las "vacas locas".

• El uso de un número restringido de especies ha favorecido la propagación de la gripe aviar en los gallineros industriales.

• En 1970, el 85 % del maíz que se cultivó en Estados Unidos pertenecía a la misma variedad. Tras el ataque de un hongo, la mayoría de las cosechas se perdieron. Se pudo reactivar la producción gracias a variedades antiguas.

• Los pesticidas diezman la población de abejas. Sin abejas, no habrá manzanas en los manzanos. En algunas regiones, los fruticultores tienen que polinizar a mano millones de flores para obtener frutos.

En todo el mundo, según los especialistas, se han localizado entre 20 y 40 "puntos conflictivos": son medios muy diversificados en los que la "reserva" de la biodiversidad está en peligro.

Ejemplos: el cuerno de África, el Caribe, el Himalaya...

Chanty, Londres.
Mi primo de Laos sufre paludismo.
Cuando tiene fiebre, su madre
le cura con hierbas medicinales
que crecen cerca de su casa.

LA SITUACIÓN ACTUAL DE LA BIODERVERSIDAD ES ALARMANTE.

Demasiadas especies han desaparecido para siempre: el delfín del río Yang-Tsé o el grizzly mexicano. Otros millones de especies están amenazadas o en vías de extinción como el oso polar o el águila de Bonelli.

¡ES URGENTE! Si el fenómeno continúa a este ritmo, la mitad de las especies de la Tierra habrán desaparecido en el siglo XXI (¡el nuestro!). Las consecuencias serían catastróficas. Los ciclos del agua, del aire, de las plantas, de los animales y del hombre se verían perturbados. Faltarían alimentos, el número de enfermedades aumentaría... Esto ya ocurre en algunas regiones del mundo. Como en el lago Victoria (África central) donde 200 especies de pez han desaparecido tras la introducción por parte del hombre de la perca del Nilo para la piscicultura. Hoy en día, es la propia perca la que está amenazada debido a la pérdida de la biodiversidad.

LAS ESPECIES VEGETALES O ANIMALES IMPORTADAS

(voluntaria o accidentalmente) a una región se convierten en competencia para las que ya se encontraban en el mismo nicho del ecosistema. El riesgo consiste en que éstas últimas ocupen su espacio y provoquen su desaparición. Alteran la cadena alimenticia y amenazan a las demás especies que la forman.

POBLACIONES ENTERAS DEPENDEN DE LA BIODIVERSIDAD DE SU MEDIO: pescadores

africanos, recolectores de América Latina o pequeños agricultores del mundo entero... Sus prácticas se han adaptado a las especies presentes de manera natural en su ecosistema. Si ellas desaparecen o son reemplazadas, será su cultura, su lengua, su modo de actuar y de vida lo que desaparecerá. En Senegal, el arroz y el trigo importados sustituyen a menudo al mijo, al sorgo, al maíz y al arroz cultivados localmente. El equilibrio establecido con el tiempo a veces se debilita, así como la cultura tradicional que le acompaña.

Cuando se contamina el mar, el plancton se envenena. Los peces que lo comen se intoxican. Las personas que se alimentan de ellos se envenenan también. Cada eslabón de la cadena influye en los siguientes. Como con cada eslabón absorbemos más contaminante, se concentra cada vez más.

En Europa Occidental, la Ursina del Cáucaso se esparce con una rapidez extraordinaria. Sus semillas, transportadas por los vehículos, se dispersan a lo largo de las vías férreas, de las autopistas, etc. y después se extienden por todo su alrededor. La gran Umbelliferae, muy resistente, amenaza a las especies vegetales locales (la umbelliferae indígena, entre ellas) puesto que se desarrolla en grupos muy tupidos y acapara toda la luz. Y, para colmo, es bastante peligrosa para las personas puesto que provoca graves quemaduras.

Ali Hassan, Egipto.
Cuando sea mayor, quiero
ser científico para descubrir,
clasificar y describir todas las
plantas y animales del mundo.

Hélène, Suiza.
En mi región, una asociación para la
naturaleza ha organizado un censo de
pájaros. Yo he participado. En el jardín,
¡he contado 33 especies diferentes!

Conservar la biodiversidad

HAY QUE REACCIONAR, ¡ES CUESTIÓN DE SUPERVIVENCIA! Organizaciones como la UICN, el PNUMA, el WWF y otros muchos trabajan para salvaguardar la biodiversidad en el mundo: informan a la población y a los responsables de las posibilidades existentes y activan acciones de protección o de salvamento de especies.

LOS GRANDES PUNTOS A TRATAR SON:
1. salvaguardar la vida en todas sus formas,
2. velar para que la naturaleza sea utilizada de manera sostenible y prudente,
3. compartir equitativamente la explotación de la naturaleza entre los pueblos y conseguir que las técnicas de explotación de recursos sean apropiadas y respetuosas con el medio ambiente,
4. preocuparse por las consecuencias de cada gesto, de cada intervención en el medio ambiente.

Más concretamente, entre muchos otros ejemplos, esto quiere decir: fomentar la agricultura y los productos ecológicos, consumir productos de temporada y de la región, respetar el suelo, los bosques y todos los ecosistemas para que todas las especies locales puedan vivir en equilibrio.

MANTENER LA BIODIVERSIDAD CONTRIBUYE TAMBIÉN A LA LUCHA CONTRA LA MALNUTRICIÓN Y LA POBREZA. Cuando los recursos naturales, forestales y agrícolas se protegen, la alimentación está asegurada por más tiempo. De hecho, la población tiene a su disposición en el lugar en el que se encuentra alimentos variados, renovados, y no depende exclusivamente de las importaciones.

Tomate con ajo, zanahoria, cebolla, cebolleta, perejil, espárrago, albahaca.

Zanahoria y guisantes, judías, lechuga, cebolleta, rábano, salvia, romero, cebolla

Espárrago y perejil.

Remolacha y cebolla.

Patata y cebolla.

Patata y judías.

Cebolla y lechuga.

Rábano y calabaza, judías.

Col y tomillo, apio, patata, salvia y cebolla

Maíz y girasol, judías.

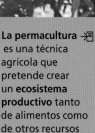

↑ Algunas buenas combinaciones para plantar en el huerto: unas protegen a las otras al producir sustancias que alejan a los parásitos, estimulan su crecimiento y aumentan la cosecha. El tomate aleja a la mosca de la col; el tomillo al pulgón; las judías trepadoras impulsan la largura del maíz...

La permacultura es una técnica agrícola que pretende crear un **ecosistema productivo** tanto de alimentos como de otros recursos útiles gracias a la combinación acertada, al ciclo por el que todo lo que sale de la tierra tiene que volver a ella y a la limitación de la intervención humana. Las plantas y los insectos cooperan entre ellos para desarrollarse mejor: las flores de unas atraen a los polinizadores, las hojas de otras dan sombra, las raíces fijan el suelo... Esta práctica supone una buena observación de la naturaleza y de las características de cada especie.

← Olivia, Francia.
Voy a menudo al vergel observatorio:
allí hay manzanas y peras deliciosas
que nunca he visto en las tiendas.

EN RÍO DE JANEIRO, EN JUNIO DE 1992, LA CONVENCIÓN SOBRE LA DIVERSIDAD BIOLÓGICA (CDB) fue ratificada por numerosos países preocupados por las amenazas que pesan sobre la biodiversidad y por los peligros a los que están relacionadas. Esta convención quiere que cada país sea responsable de la biodiversidad que abriga.

En Europa, la red de zonas Natura 2000 quiere proteger la biodiversidad al tiempo que persigue la armonía y la compatibilidad con las actividades humanas.

Ganadería extensiva, pocos animales en una gran superficie, prima la calidad sobre la cantidad

En todo el mundo, vemos cómo se desarrollan huertos y vergeles "conservatorio" cuyo objetivo es mantener vivas el mayor número de variedades. Asociaciones de jardineros y ecomuseos recogen y difunden semillas antiguas o raras. Del mismo modo, existen bolsas de intercambio en las que cada uno puede aportar sus plantas y cambiarlas por otras con el objetivo de enriquecer la biodiversidad de sus tierras o de su jardín.

El instituto botánico de San Petersburgo, creado en 1714, tiene un jardín compuesto por 120.000 especies y variedades de plantas y un herbolario que contiene las semillas de más de 7.000.000 de variedades.

↑ *Los jardines, aunque sean pequeños o en la ciudad, alojan a una multitud de animales y vegetales útiles los unos para los otros*

← María, España.
Quería tener un animal de compañía exótico: una tortuga, un camaleón o una serpiente. Pero al final he preferido que siguieran viviendo en su hábitat natural.

Protejo la biodiversidad

VIVO EN LA TIERRA RODEADO DE ANIMALES Y PLANTAS: gracias a ellos, como, respiro, tengo buena salud... Pero el equilibrio natural de la tierra está en peligro.

PUEDO ACTUAR por la biodiversidad respetando el medio ambiente y los ecosistemas. Vaya donde vaya, puedo velar por no estropear accidental o voluntariamente la naturaleza que me rodea: abriga un universo vivo y precioso.

TODO LO QUE HAGO EN EL EXTERIOR, SE VE EN EL INTERIOR: en mi estómago, hay una biodiversidad increíble. Unas 1.000 especies de micro-organismos, bacterias, levaduras y enzimas ayudan a mi cuerpo a asimilar los alimentos deshaciendo los tejidos de las legumbres, frutas y cereales que como. La buena salud de esta flora intestinal es esencial para la mía.

UNA ALIMENTACIÓN VARIADA Y LO MÁS ECOLÓGICA POSIBLE protege este medio vivo. Otra ventaja: los gustos y los sabores son mucho más ricos y variados.

Mediante la digestión, la lombriz de tierra participa en la degradación de los vegetales de la tierra y, de ese modo, en su enriquecimiento. Compacta la tierra en pequeñas bolitas que dejan espacio entre ellas. Cuando llueve,

el agua llena estos espacios. Así hay más agua almacenada a poca profundidad y las plantas crecen mejor. Es un eslabón esencial en la conservación del suelo, la amiga de los jardineros.

La ortiga también tiene virtudes farmacéuticas: es antiinflamatoria, antihemorrágica, diurética, depurativa y estimulante. También es apreciada por los jardineros y

los horticultores que crean un purín que reparten sobre sus plantas para activar el crecimiento y alejar a los pulgones.

¡Es bueno saberlo! La sopa de ortiga es fácil de preparar.

Una cebolla, una patata, ortigas (atención al recogerlas, ¡pican!); está deliciosa y es excelente para la salud.

Las cremas solares contaminan el agua cuando me lavo pero también cuando me baño. Las sustancias químicas que filtran los rayos destruyen las microalgas de las que se alimentan los corales. Éstas terminan muriendo, son indispensables para la supervivencia de ciertos peces. Existen cremas solares biológicas perfectamente inofensivas para el medio ambiente.

→
Rae, Seychelles.
En Perú, los indios quechuas y los aymaras cultivan 177 variedades de patatas.

←
Tiong, Malasia.
En invierno, ayudo a mi padre a moler las ramas de los arbustos podados. Extendemos ese acolchado sobre el huerto: esto protege el suelo y a todo lo que en él vive durante todo el año y lo abona de manera natural.

Informándonos un poco, podemos elegir comer pescado cuya especie no esté amenazada.

Principales pescados amenazados que hay que evitar:

Boquerón

Atún rojo del mediterráneo

Rape del Atlántico Norte

Merluza de Alaska del Pacífico Norte

Acedía del Atlántico Norte

Fletán del Atlántico Norte

Lenguado del mar del Norte

Bacalao

Dorada rosa

Pez espada

Salmón salvaje del Atlántico

Granadero de roca

Panga de Vietnam

Escorpina del Atlántico Norte

Pescados "con problemas"

Calamar del Atlántico Sur y del Pacífico Sur

Dorada real de Grecia

Pez lobo o lubina del Mediterráneo

Pez lobo de acuicultura de Francia o de Grecia

Trucha de Suiza, Islandia, Francia

Bacalao de Noruega o de Escocia

Sardina del Atlántico Norte y del Mediterráneo

Lenguado del Pacífico

Atún de aleta amarilla del Pacífico y del Índico

Rodaballo de Francia

Pescados por los que sustituirlos

Camarón: acuicultura, de Vietnam y del Ecuador (etiquetado)

Camarón del Atlántico Norte

Arenque

Lubina

Fletán del Pacífico Norte

Bogavante de acuicultura

Ostras de Europa, acuicultura

Pescadilla

Carbonero del Atlántico Noreste

Raya

Caballa

Merluza del Cabo (etiquetado)

Salmonete

Eglefino: ahumado se le conoce como haddock

Sardina de los Estados Unidos

Salmón de acuicultura (etiquetado)

Atún de Europa, excepto el rojo

TU TAMBIÉN FORMAS PARTE DE UNA ESPECIE VIVA. Como todas las demás, vegetales y animales, ¿no está también amenazada?

No hay tiempo que perder.

¡TE TOCA A TI! Empieza con un pequeño gesto...

Un jardín salvaje abriga mucha más vida que un trozo de césped uniforme.

Y forma parte de la malla ecológica.

El clima

La meteorología es la previsión del tiempo que hará en las horas o días siguientes.

La insolación, la rotación de la tierra y las fuerzas de gravedad entre el Sol, la Tierra y la Luna se combinan para crear un "motor climático" magnífico.

Este motor remueve el aire y el agua de nuestro planeta. Produce los vientos, las corrientes marinas, las lluvias, etc. pero también las sequías, los tornados...

Enora, Islandia.
He visto en la televisión que los bancos de
hielo se han derretido tanto este año que
los barcos ahora pueden cortar por el norte
en lugar de dar la vuelta por Panamá.

EL CLIMA está representado por las medias de las curvas de temperatura, precipitaciones, de la dirección y la velocidad de los vientos, etc. durante 30 años en un lugar concreto del planeta.

NUMEROSOS FACTORES INFLUYEN EN EL CLIMA: la latitud (estar más o menos lejos del ecuador), el relieve (la altitud), la proximidad del mar (clima marítimo o continental), las corrientes marinas...

Las áreas de difusión→🗐 de las especies vegetales y animales y, más globalmente, de todo el ecosistema local están estrechamente relacionadas con el tipo de clima de la región.

1000km

El mapa de climas ilustra la influencia directa del clima sobre el medio (ecosistema, hidrología →🗐...)

Muestra un recorte en función de la latitud. Vemos que la Corriente del Golfo (en naranja) influye directamente en el clima de Europa Occidental: si comparamos Florida

con España, vemos que estas regiones tienen un clima parecido pero con una diferencia de latitud de casi 1.000 kilómetros.

Una modificación de la Corriente del Golfo podría significar inviernos canadienses en Europa.

Louise, Bélgica.
Desde que nací, nunca he visto mucha nieve delante de mi casa pero mi madre me ha dicho que, cuando ella era pequeña, a menudo se quedaban bloqueados por la nieve.

88 | Aplicación

Salir de la niebla

EL CLIMA DEL PASADO: la medición rigurosa de los parámetros del clima no son muy antiguas (siglo XIX). Para los periodos anteriores, se analiza la composición química de las burbujas de aire atrapadas en las capas de hielo de los casquetes glaciares. Cuanto más profunda es la capa, más viejo es el hielo. Podemos remontarnos hasta 400.000 años atrás.

PARA EVALUAR EL CLIMA DEL PRÓXIMO SIGLO, se ha recurrido a modelos científicos (informáticos). Estos modelos se basan en la serie histórica de medidas realizadas en todo el planeta. Los modelos intentan primero reconstruir el pasado y después, cuando el resultado es coherente con las medidas, se extrapola al "futuro".

Simulación del fenómeno del "Niño" para comprender su funcionamiento.

Modelo de la formación de un tifón con el supercalculador "Earth Simulation" situado en Japón.

Campañas de medida
de la luz solar y de
la temperatura del
agua del océano que
servirán para afinar los
modelos científicos.

Construir un
modelo de clima del
planeta no es tarea
fácil. Se utilizan
los ordenadores
más potentes
para calcular las
interacciones entre
la tierra, los océanos
y la atmósfera.

Al cambiar los
parámetros como
la cantidad de CO_2
de la atmósfera, se
puede evaluar su
influencia en 10, 20
ó 100 años.

Los científicos
han desarrollado
más enfoques.
Sorprendentemente,
las conclusiones
coinciden: vamos
a vivir un cambio
climático.

...Clima propicio

EL EFECTO INVERNADERO. En nuestra atmósfera, ciertos gases atrapan la radiación infrarroja del sol (componente "cálido" de la insolación) del mismo modo que lo hacen los cristales de un invernadero. Este fenómeno natural permite al planeta tener una temperatura media de 15°C en vez de –18°C (o incluso –100°C). El efecto inicial es beneficioso puesto que hace que el planeta sea habitable.

1. Radiación solar reflejada por la atmósfera y las nubes.

3. Radiación absorbida por la atmósfera.

7. y hacia el espacio.

2. Radiación que llega a la superficie de la tierra.

6. La energía acumulada en la atmósfera radia hacia la Tierra.

4. La Tierra emite una radiación infrarroja que se refleja en los gases de efecto invernadero y en las capas altas de la atmósfera.

5. El resto se dirige al espacio.

Según un principio de equilibrio, los flujos entrantes (2+3) y los salientes (5+7) son equivalentes.

Si los gases de efecto invernadero disminuyen la radiación 5 hacia el espacio, los flujos 4 y 6 aumentan hasta encontrar el equilibrio externo (Tierra - espacio) pero aumentando

así la temperatura del interior del "sistema" (tierra – océanos – atmósfera).

En el dibujo, la profundidad de la atmósfera se ha exagerado enormemente.

Lene, Suecia.
En mi pueblo, todo el mundo se calienta
y cocina con madera del bosque. Y,
cada año, replantamos árboles.

PERO, DESPUÉS DE LA REVOLUCIÓN INDUSTRIAL, el efecto natural se ha reforzado por un efecto invernadero relacionado con el hombre.

El hombre produce gas carbónico procedente de la combustión de energías fósiles y vegetales (transporte, calefacción...), de ciertas actividades industriales y de la deforestación (por disminución de la captura de CO_2 de los bosques); metano que procede de la ganadería de rumiantes (vacas, ovejas, cabras...), de ciertos cultivos (arroz), de la descomposición de los desechos y de las fugas de gas natural (industria petrolífera...); halocarburos que son típicamente industriales (CFC, espumas plásticas...); monóxido de dinitrógeno que procede de abonos nitrogenados y de la industria; ozono que proviene de la combustión de energías fósiles (transporte, calefacción...).

Es más preocupante aún la inercia de este cambio climático. De hecho, la vida en la atmósfera de los gases de efecto invernadero hace que este cambio se alargue todavía durante un siglo al menos (considerando que los excesos en las emisiones se detuvieran actualmente).

Llamamos "pozos de carbono" a la biomasa y al océano puesto que son ellos los que absorben el CO_2. En ausencia de emisiones realizadas por el hombre, la capacidad de absorción supera a la de emisión. Pero con nuestras aportaciones, el balance de intercambio muestra que el ecosistema no puede reciclar parte de dichas emisiones que se acumulan en la atmósfera.

La capacidad de absorción del océano aumenta en función de la proporción de CO_2 en la atmósfera. Pero, pasado un cierto umbral, el fenómeno corre el riesgo de invertirse: el océano "desalmacenará" CO_2 hacia la atmósfera. El balance de un bosque es interesante como pozo de carbono sobre todo durante su crecimiento.

El permafrost (suelo congelado) representa una gran cantidad de carbono almacenado en forma de tejidos vegetales y animales descompuestos. Pero con el calentamiento y el deshielo, la actividad de esta descomposición bacteriana se reactiva y libera metano y CO_2 que acelera aún más el cambio climático.

Huan y Thomas, Alemania.
Este año, ¡las golondrinas han
llegado dos semanas antes!

...o clima tenso

EL CAMBIO CLIMÁTICO YA ES PERCEPTIBLE.
Los biólogos han notado que en
el norte de Europa las visitas de insectos
que normalmente viven en el sur (libélulas,
mariposas, etc.) son cada vez más frecuentes.
Las plantas mediterráneas crecen igual a la vera
de los caminos campestres (orégano salvaje,
etc.) que a más de 1.000 kilómetros al norte
de su lugar de origen.

←

Adrian, Francia.
Conozco la historia de un pastor que, cada
día del año, plantaba varias bellotas. Cuando
se retiró, había creado un bosque entero.

DE UNA ESPECIE A OTRA, LA SENSIBILIDAD AL CAMBIO ES DIFERENTE. Algunos árboles como el roble, por ejemplo, tienen frutos pesados, las bellotas, que se esparcen con dificultad y llegan a la madurez en 50 años. Ante la posibilidad de un recalentamiento de 3° en 100 años, bosques enteros de hayas desaparecerán de ciertas regiones. Quizá se encuentren otros nuevos 500 kilómetros más al norte.

A LAS ESPECIES DOMESTICADAS (GANADERÍA, AGRICULTURA) LES AFECTA IGUAL. Considerando que los monocultivos →🗐 aumentan el riesgo; si una clase de cereal ya no encuentra las condiciones favorables, su rendimiento puede disminuir hasta el punto de que su cultivo resulte casi imposible.

El 815, el iceberg gigante, más grande que Córcega o que Jamaica, se resquebrajó en 2005 bajo la "mirada" del satélite Envisat.

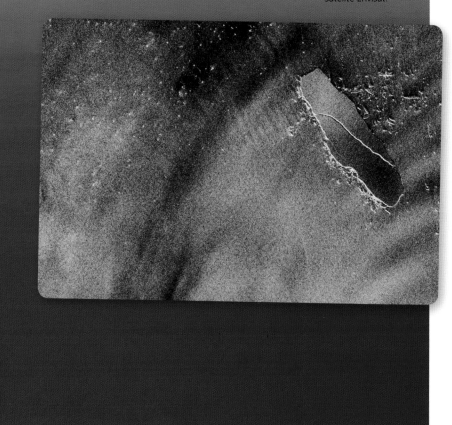

Migraciones estacionales. Las aves migratorias vuelven con 3 semanas de adelanto (cambio en 40 años) en la estación cálida.

Al norte de Canadá, bandadas de caribús migran más y más pronto.

El aumento de la temperatura y del CO_2 favorece el crecimiento de las plantas. En 20 años, la primavera vegetal comienza en Europa una semana antes y la caída de las hojas termina diez días más tarde, lo que provoca desfases en cadena en el ecosistema.

Se avecinan nubarrones

Alessandra, Estados Unidos.
Un 4x4 consume el equivalente
de entre dos y tres coches pequeños.
¡Me parece escandaloso!

EL HOMBRE ES EL ACTOR CENTRAL DEL CAMBIO CLIMÁTICO. El "progreso" y el desarrollo industrial desde el siglo XIX han convertido a las sociedades occidentales en enormes consumidoras de energía y, por lo tanto, en grandes productoras de gases de efecto invernadero.

EL MAYOR PROBLEMA ES LA NO PERCEPCIÓN DE ESTE CAMBIO. Debido a la inercia del sistema climático, actualmente sufrimos las consecuencias de la aceleración del consumo de 1750. Es urgente actuar de forma focalizada puesto que es un fenómeno acumulativo puesto en marcha. La vida de los gases de efecto invernadero (más de 100 años) "almacena" estos gases en la atmósfera mientras que nosotros los seguimos produciendo.

EL PROTOCOLO DE KIOTO (entró en vigor en 2005 tras 7 años de discusiones) fue un primer paso para frenar o limitar el cambio climático. Desafortunadamente,
1) el protocolo es muy poco "ambicioso" y no aspira más que a una reducción de los gases de efecto invernadero del 5,2 % mientras que los científicos sitúan la barrera en una reducción del 50 % e incluso del 80 %.
2) los países que más gases de efecto invernadero emiten no han ratificado el protocolo (Estados Unidos) o
3) están excluidos de las cuotas (China, India) porque están en desarrollo.

En 1970, un coche pequeño transportaba a 4 personas con un consumo de 5 litros a los 100 kilómetros.

Tras 40 años de investigación y con la tecnología actual, consumiría menos de 1 litro a los 100 kilómetros.

Un coche pequeño en la actualidad sigue consumiendo

5 litros a los 100 kilómetros. Entonces, ¿qué hemos ganado? ¿En comodidad? Sobre todo en emisiones de gases de efecto invernadero.

El glaciar del Ródano, en Suiza. Entre 1900 y 2005, el glaciar ha perdido el 40 % de su extensión.

DOS FENÓMENOS SIMULTÁNEOS AMENAZAN CON REDUCIR LOS ESFUERZOS A NADA:

1) el precio del petróleo puede incrementarse rápido de forma inminente. De repente, el carbón se presenta de nuevo como un combustible muy competitivo aunque produce mucho más gas de efecto invernadero que el petróleo;

2) los países en vías de desarrollo que producían poco gas de efecto invernadero se desarrollan rápidamente y empiezan a superar (en volumen) las emisiones de los países "ricos".

Perturbaciones relacionadas con el cambio climático

- **El clima:** en la zona de clima templado se prevé un aumento de las precipitaciones y de la frecuencia de los fenómenos extremos (huracanes, tempestades, etc.). La temperatura de las zonas polares (y de los continentes en general) sube más rápido que en otros lugares desequilibrando numerosos fenómenos como el ciclo de los vientos y de las corrientes marinas.

- **Los continentes:** inundaciones, deslizamientos de tierra, modificación de las cotas asociadas con la subida de las aguas, deshielo de los glaciares de las montañas, etc. La subida del nivel de mar se debe en un 20 % al deshielo de los bancos de hielo y de los glaciares y en un 80 % a la dilatación del agua (debido al aumento de la temperatura). Bangladesh perdería el 17 % de su territorio si el nivel aumentara un metro (las peores perspectivas apuntan de 3 a 6 metros). En el océano Pacífico, han desaparecido algunas islas y los primeros "refugiados climáticos" ya han sido desplazados. Otras "grandes" instalaciones como puertos, fábricas o centrales nucleares también se ven amenazadas.

- **Los océanos:** la modificación de las corrientes desembocará en cambios radicales en los climas costeros, en los circuitos de la fauna marina y, por lo tanto, en las zonas de pesca.

- **La salud humana:** con el calor, y sobre todo en las ciudades, el estrés respiratorio afectará especialmente a los niños. La disminución de la calidad del aire conlleva un aumento de las afecciones pulmonares y alérgicas. Los daños y las pérdidas provocadas por las grandes tormentas son el foco perfecto para el cólera. Los perjuicios asociados al cambio del ecosistema serán responsables de enormes pérdidas a nivel agrícola; por lo tanto, constituirán una fuente de malnutrición y, como consecuencia, de hambrunas. Además, el aumento de la temperatura y de la humedad desplazará hacia el norte las enfermedades parasitarias transportadas por los mosquitos. El paludismo, el dengue, la fiebre amarilla, la fiebre del valle del Rift, etc. Parece que las condiciones serán perfectas para las mutaciones rápidas de los microorganismos y, por lo tanto, para la aparición de nuevos virus y otros microbios.

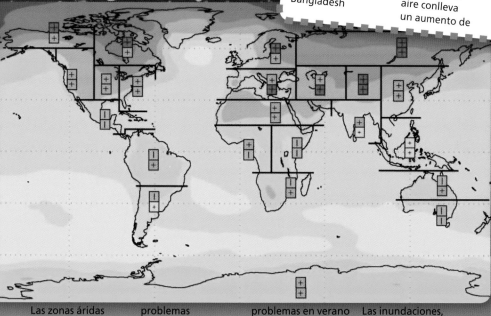

Las zonas áridas se extenderán, la alternancia entre estación seca / húmeda se radicalizará (y, por lo tanto, aparecerán problemas estacionales). En Europa, en Asia y en América Latina, el deshielo de los glaciares de las montañas causará problemas en verano a todas aquellas poblaciones que dependan del agua dulce de la que se alimentan sus ríos. Las inundaciones, más frecuentes, amenazan con contaminar las capas freáticas ⇥ de las planicies.

←
Jia, China.
Parece que los páridos han
adelantado su periodo de
puesta para adaptarse
al cambio climático.

LA ENERGÍA Y LA AGRICULTURA SON LAS FUENTES PRINCIPALES DE NUESTRA PRODUCCIÓN DE GAS DE EFECTO INVERNADERO. La energía menos contaminante es aquella que no necesitamos producir. La gestión de los negavatios →⧐ (que pretende economizar la energía) puede representar, en todas las fases de consumo, una reducción del gas de efecto invernadero del 60 %.

TODOS LOS ACTORES DE LA SOCIEDAD DEBEN IMPLICARSE: los industriales y productores de bienes y servicios racionalizando la estructura de producción y los productos desde el punto de vista energético; el agricultor practicando una agricultura racional; el sector energético invirtiendo en tecnologías más competentes y en energías verdes; los investigadores teniendo perspectiva y evaluando las implicaciones de su trabajo a largo plazo; los poderes públicos dando prioridad a las iniciativas y a los comportamientos ahorradores y compatibles con el desarrollo sostenible.

Mantener los trabajos de renovación de edificios e invertir en energías renovables:

Un estudio (BM, 2006) mostró que, de media, una inversión de 11 dólares en eficacia energética permite economizar un barril de petróleo (de 70 a 100 dólares).

La diferencia muestra que es una inversión muy ventajosa y, además, es buena para el planeta.

← Akira, Japón.
Mi padre ha vendido su coche.
El ayuntamiento nos ha dado a
todos un abono para desplazarnos
en autobús y en metro.

Comprar productos
de temporada,
locales, frescos, poco
o nada modificados
y, si es posible,
directamente del
productor disminuye
enormemente la
energía necesaria
para el transporte,
almacenamiento,
producción, etc.

Desarrollar
transportes
colectivos y
compartir vehículos
para disminuir
el gas de efecto
invernadero del
tráfico de carretera.

→
Onelia, Chile.
Este año, junto con mis padres y mi
hermana pequeña, recorreremos la
montaña de albergue en albergue
en burro. ¡Tengo muchas ganas!

Cuido el clima

CADA UNO DE NOSOTROS CONSUME energía para sus necesidades vitales: comer, lavar, vivir pero también para desplazarse, trabajar, o para el ocio.

CADA UNO PUEDE, A SU MANERA, APORTAR SU GRANITO DE ARENA:

- vigilando el consumo: aislar la casa, disminuir la calefacción (18°C), cerrar bien las puertas y ventanas, evitar la climatización, etc.

- seleccionar la compras: evitar lo superfluo, favorecer las compras ecológicas, los productos locales, etc.

- presionar sobre las políticas, productores y publicitarios adoptando una actitud ecológica, responsable y razonada.

La simplicidad voluntaria es un modo de vida desarrollado tras el choque petrolífero de 1970 que consiste en buscar la verdadera "calidad de vida". Se opone a la idea de que el consumo constituye una mejora de la calidad de vida y que da la felicidad. Consiste en reducir el consumo para tener tiempo que compartir con otros, producir uno mismo parte de lo que se necesita.

Y por qué no descubrir tu región en bicicleta en vez de saltar a un avión low cost...

EL CLIMA DE LA TIERRA CAMBIA. SI NO ESTAMOS ATENTOS, ESTE CAMBIO SE PRODUCIRÁ CADA VEZ MÁS RÁPIDO.

¡TE TOCA A TI! Quizá se trate sólo de pequeños gestos pero que todos sumados hacen mucho.

Reinventar los objetos simples y poco derrochadores de energía, como la bicicleta. Dar una imagen gratificante de la ecología puede ayudar a salvar el planeta.

Gracias a su aerodinámica, con una bicimóvil se pueden alcanzar, sin ser un atleta, velocidades de hasta 40 y 50 kilómetros por hora. Algunos de estos vehículos están equipados de *asistencia eléctrica lo que permite recorrer fácilmente distancias de 50 kilómetros o más.*

La Tierra y nosotros

Yo, mi región, mi país, mi Tierra

ERES UN SER HUMANO, VIVO. HABITAS LA TIERRA.
Vives en un lugar que forma parte de conjuntos
más y más grandes: tu casa se encuentra
en un pueblo o una ciudad, que pertenece a
una región, que está situada en un país,
¡que forma parte del mundo!

**NO ESTÁS SOLO. VIVES CON OTROS: TU FAMILIA,
TUS AMIGOS, TUS VECINOS, TUS COMPATRIOTAS...**
Estás integrado en la sociedad. Tú y los demás
compartís la misma tierra.

Vivo en la tierra

MI TIERRA

Mi continente

Mi país

Mi región

Mi entorno

Yo

Mi familia

Mis amigos

Mi comunidad local

Mi comunidad cultural

LA HUMANIDAD

Soy un ser social

La máquina económica

TIENES UN CUERPO, RESPIRAS, BEBES, COMES, TE MUEVES... Tu entorno es la tierra y todo lo que ella ofrece. Eres un elemento de la naturaleza. Consumes sus recursos: el aire que respiras, el agua que bebes, los vegetales que comes, el suelo que pisas... Expulsas a este medio aire viciado, agua sucia, materia orgánica, desechos que produces.

TODO NO VIENE DIRECTAMENTE DE LA TIERRA. Lo que comes quizá proceda directamente de un jardín o de un terreno familiar pero lo más normal es que pase del campo a una fábrica y de ahí a una tienda. Ocurre lo mismo con la ropa, los objetos que utilizas, etc. Gracias a la energía, se transforma la materia prima en los objetos que consumes. Una parte de las materias primas se pierde en la producción. Tras su utilización, el objeto también se convierte en un deshecho.

El consumo es una cadena en cascada. En cada etapa, se necesitan materias primas y energía. En cada etapa, se producen pérdidas y desechos. En el producto final, se encuentran sólo el 7 % de las materias primas y de la energía.

Por un lado, tenemos un pozo de energía y de materias primas cada vez más vacío y, por el otro, una montaña de deshechos cada vez más grande.

Si reduces poco a poco el consumo a tu nivel, se producirá un enorme ahorro a lo largo de la cadena.

Se ahorra volviendo a comenzar la cadena, pérdidas y desechos incluidos.

Materias + energía

EXTRACCIÓN
de materias primas

pérdida, desechos

PRODUCCIÓN
en la fábrica

pérdida, desechos

DISTRIBUCIÓN
en tiendas...

pérdida, desechos

UTILIZACIÓN
por ti, tus amigos...

pérdida, desechos

TRATAMIENTO
de deshechos

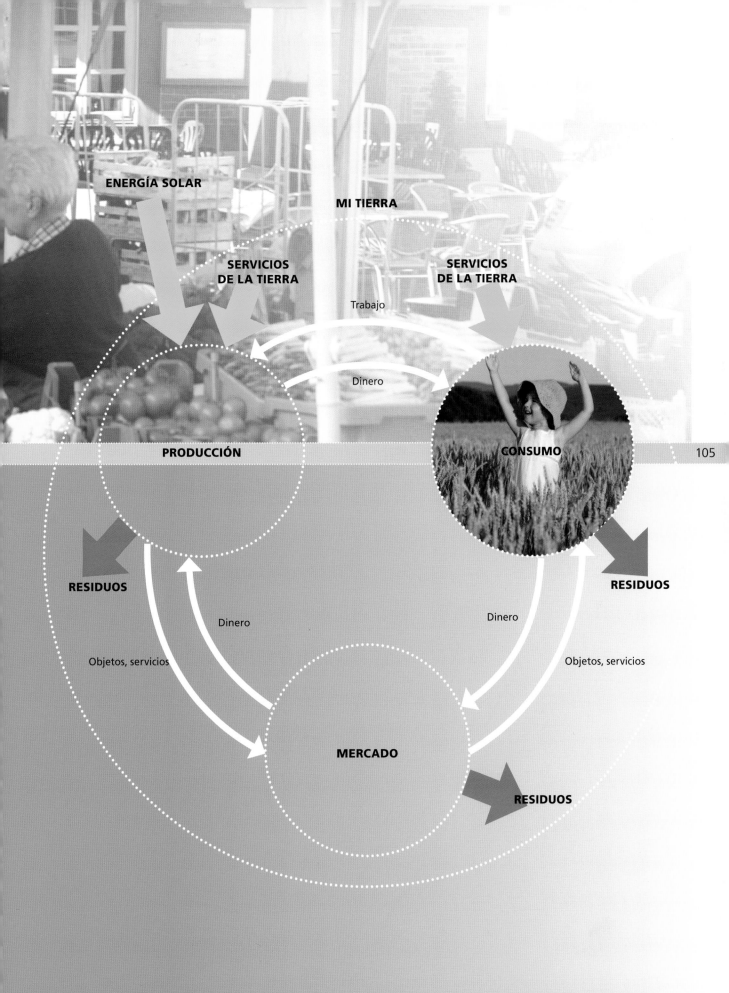

ENERGÍA SOLAR

MI TIERRA

SERVICIOS
DE LA TIERRA

SERVICIOS
DE LA TIERRA

Trabajo

Dinero

PRODUCCIÓN

CONSUMO

RESIDUOS

RESIDUOS

Dinero

Dinero

Objetos, servicios

Objetos, servicios

MERCADO

RESIDUOS

Soy un ser...

PIENSAS, SIENTES, SUEÑAS, ACTÚAS. Tienes cinco sentidos, espíritu, músculos, corazón... Tu vida depende del contexto en el que vives, no solo de tu entorno sino también de la cultura, de la historia, de la vida política...

JUNTO CON LOS DEMÁS, TE CONVIERTES EN ACTOR. Puedes ayudar a cambiar las cosas dando tu opinión, seleccionando tus compras, decidiendo ciertas acciones...

Participo
y elijo

Defiendo
el planeta y
la humanidad

Formo parte
de un grupo
de compra social

...POLÍTICO

Prefiero
la calidad a
la cantidad

Apoyo un
reparto
equitativo

...CONSUMIDOR

...SOCIAL

107

Yo

Me implico
en la vida
de mi barrio

Disminuyo
mi consumo

...PRODUCTOR

...LOCALIZADO

Elijo soluciones
verdes

Protejo
mi entorno

Favorezco
las soluciones
más próximas

La ecosfera

La aparición de las plumas es una adaptación de algunos dinosaurios para una mejor regulación de la temperatura corporal durante los desplazamientos y para la exhibición amorosa. Su utilización para el vuelo apareció después.

El efecto mariposa

En 1972, un científico planteó una cuestión que se hizo muy famosa: "¿Puede el batir de las alas de una mariposa en Brasil provocar un tornado en Texas"?

Esta expresión ilustra ahora la enorme influencia que pueden tener muchas acciones pequeñas si se unen.

→
Sonja, Holanda.
Las golondrinas escasean. Un amigo de clase ha
hecho una pequeña investigación y nos ha dicho
que el 85 % de la población ha desaparecido
en menos de 10 años debido a los pesticidas.

NUESTRO PLANETA ES UN ECOSISTEMA GIGANTE MAGNÍFICO. Es una serie de sistemas conectados unos con otros: el clima, los océanos, el suelo, la fauna, la flora... Se le llama ecosfera.

Después del nacimiento de la Tierra, la ecosfera ha sido invadida poco a poco por seres vivos que la han modificado progresivamente mediante su actuación.

Hoy en día, estos sistemas han encontrado su equilibrio de manera dinámica mediante la autorregulación.

Si un sistema particular sufre un desequilibrio, se reorganiza progresivamente perturbando a los que están conectados con él, que deben reorganizarse a su vez...

La increíble complejidad de estos mecanismos se refleja en la diversidad del medio que nos rodea: flora, fauna, pero también el suelo, el microclima...

Gracias a las interacciones en el seno de esta diversidad, el equilibrio global es posible.

Los seres vivos han evolucionado con el tiempo, tras generaciones. Esto explica la enorme diversidad. La selección natural selecciona a los individuos mejor adaptados al entorno.

Se ha observado una especie de lagarto que, en 40 años, ha evolucionado y ha pasado de un régimen alimentario insectívoro a herbívoro.

Es más grande, su mandíbula es más potente y su sistema digestivo se ha adaptado.

Tierra-madre

EL PLANETA NOS PROPORCIONA "SERVICIOS" gratuitamente. Nos da aire respirable, agua, suelos fértiles, fibra, alimento...

Regula la temperatura, el clima, el ciclo del agua...

Gestiona los intercambios de materia entre el suelo, el aire, los vegetales y los animales. Nos proporciona alimento, agua, aire...

Favorece la diversidad genética y ofrece la posibilidad de la reproducción (y de la adaptación).

Nos sumerge en un medio que satisface nuestros sentidos: los paisajes, el canto de los pájaros, la frescura del agua, el sabor de la miel, el perfume de las flores...

La abeja es un buen ejemplo del servicio prestado por la naturaleza al hombre. A parte de la miel deliciosa, la apicultura produce la cera.

Las abejas, al libar, polinizan los árboles frutales y las flores de su entorno asegurando su desarrollo.

La miel posee todo tipo de virtudes: desinfectante, antiséptica, etc. Se dice incluso que la miel prolonga la vida.

Matys, Israel.
El sabio dice: "sólo
aquel que camina
ve el caracol que
cruza el camino".

SUS SERVICIOS SON NUESTRAS NECESIDADES VITALES: si falta uno de ellos, nuestra vida está en peligro.

COMO TODAS LAS ESPECIES, NECESITAMOS EL ENTORNO PARA VIVIR. Es más, la ecosfera renueva los recursos utilizados.

ADEMÁS DE SATISFACER NUESTRAS NECESIDADES VITALES, EL PLANETA ES UN LUGAR DE VIDA. Las catástrofes naturales son bastante raras y la situación es propicia para vivir en comunidad, compartir el territorio, las actividades, y organizarse en sociedad.

Nuestras poblaciones se desarrollan en función de la cantidad de recursos útiles existentes en nuestros medios de vida sin alterarlos. El "objetivo" es llegar a perpetuar la comunidad asegurando que las generaciones venideras también podrán satisfacer sus necesidades vitales.

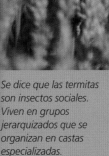

Se dice que las termitas son insectos sociales. Viven en grupos jerarquizados que se organizan en castas especializadas.

Se comunican mediante intercambios químicos.

Okan, Turquía.
Mi hermano dice que si no pensamos, somos como un pez en un banco de peces que gira con los demás sólo con que haya uno que cambie de dirección.

Los pies en la tierra

LA POBLACIÓN DE UNA ESPECIE en un medio depende de los recursos naturales de los que disponga; es la biocapacidad →⧉ del medio.

Pero también depende de la competencia con las demás especies que utilizan los mismos recursos o de la presencia de especies depredadoras. Incluso si se dan fluctuaciones cíclicas (estaciones, depredación, etc.) y salvo "accidente" ecológico, las poblaciones son relativamente estables en el tiempo.

Los animales también tienen "estrategias cooperativas". Los delfines pescan en grupo y ahuyentan a los peces hacia la costa para atraparlos más fácilmente.

Los arenques nadan a una distancia regular, exactamente la distancia que recorre el plancton en el mismo espacio de tiempo. Si el primer pez ha dejado escapar plancton, el que le sigue sólo tiene que abrir la boca para comer.

LA ESPECIE HUMANA ES PARTICULAR, evidentemente. A diferencia de la mayoría de las demás, ha adquirido el control de sus propios recursos mediante la agricultura y la ganadería. También se ha adaptado a medios muy diferentes. Su creatividad le ha permitido desarrollar herramientas que multiplican su potencial de acción sobre la naturaleza. Los medicamentos le permiten vivir más tiempo, defenderse contra enfermedades, etc.

EL RESULTADO ES UN CRECIMIENTO DEMOGRÁFICO FULGURANTE. Sobre todo desde que se utilizan energías fósiles.

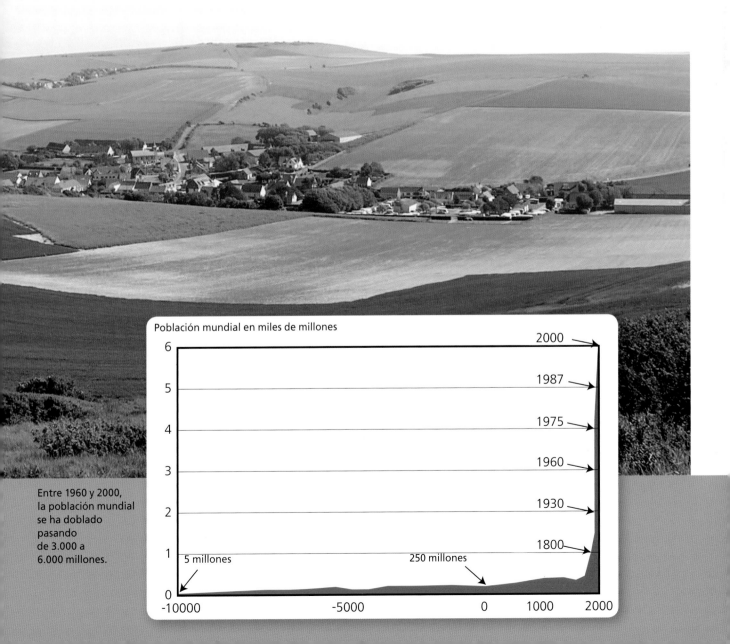

Entre 1960 y 2000, la población mundial se ha doblado pasando de 3.000 a 6.000 millones.

Población mundial en miles de millones

2000
1987
1975
1960
1930
1800

5 millones

250 millones

Demasiado, y demasiado rápid

NUESTRA POBLACIÓN AUMENTA DE MANERA VERTIGINOSA y cada vez utilizamos más recursos naturales para vivir. Desde hace 30 años, la humanidad consume más recursos de los que hay disponibles (y renovables) en la Tierra. Les quita los recursos que les son necesarios a otras especies.

TODAS LAS ESPECIES ENCUENTRAN UN EQUILIBRIO CON SU ENTORNO. ¡Todas excepto la nuestra! El hombre es un "superdepredador". Gracias a su organización, está al final de numerosas cadenas (entre otras, la alimenticia 🔁) y, así, su influencia en el ecosistema es enorme.

En Occidente, después de la globalización, es más barato comer judías que han viajado 6.000 kilómetros en avión que una col recogida a 10 kilómetros de casa.

←
Ursula, Sicilia.
Mi padre es pescador de atún. Este año, después de 5 meses, ha tenido que dejar de pescar porque las cuotas de este año ya se habían sobrepasado. Dice que hay que parar pero que todo el mundo debe respetar esta norma, sino no servirá para nada.

Mundo

(Gráfico con eje vertical de 0 a 2,5 y eje horizontal de 1960 a 2005)
- Población
- Huella ecológica de los países ricos
- Huella ecológica media
- Huella ecológica de los países pobres
- Biocapacidad

En 3 generaciones, hemos consumido más de la mitad del petróleo, agotado la biodiversidad, contaminado el agua, el aire, el suelo...

En el gráfico de arriba, la línea verde indica la evolución de la biocapacidad del planeta disponible por persona. Debido a la duplicación de la población mundial, la biocapacidad se ha dividido por 2 entre 1960 y 2000. Pero la huella ecológica por persona aumenta también por lo que se acelera el agotamiento del planeta.

Del mismo modo, vemos que la huella de los países ricos ha aumentado mucho mientras que la de los pobres ha disminuido. Según WWF, la huella de un estadounidense es 18 veces más grande que la de un habitante de Malawi.

← Adebi, Senegal.
Mis padres se instalaron en Senegal. Mi madre venía de Mali y mi padre de Guinea. Se conocieron en Dakar.

El gran adelantamiento

NUESTRA ESPECIE HA SOBREPASADO LA CAPACIDAD DEL MEDIO AMBIENTE para mantenernos. Al actuar como si la naturaleza no fuera más que la decoración de nuestra vida, la hemos explotado sin tenerla en cuenta. Hemos introducido desequilibrios en el ecosistema demasiado rápido. Hoy en día, por efecto dominó, de sistema en sistema, toda la ecosfera busca un nuevo equilibrio.

El cambio climático o las extinciones de especies son ejemplos de desequilibrios introducidos por el hombre. Pero esto no se detiene aquí. Como hemos visto detalladamente en los episodios correspondientes, existe un efecto de vuelta o "boomerang": el cambio climático y la pérdida de biodiversidad (por poner sólo dos ejemplos), a su vez, nos amenazan.

Las moléculas químicas (y las hormonas) esparcidas en el medio ambiente por todos los productos que consumimos y por su fabricación, acaban en nuestra alimentación. Ya se han observado pérdidas de fertilidad y modificaciones genéticas en el norte de Europa.

La economía que se ha creado alrededor de la pesca de la perca del Nilo en el lago Victoria ha sido a costa de la población local. Después de la destrucción de la biodiversidad del lago, tras la exportación de todos los productos de la pesca, no quedan más que espinas de pescado que se acumulan y contaminan el suelo y las capas de agua. Miseria, hambre, tráfico de armas, prostitución, inseguridad...

09 / 23 Como ilustración de nuestra huella más importante, el Global Footprint Network ha creado el "Overshoot day" (el día del exceso). En 2008, ese día cayó en 23 de septiembre. Eso quiere decir que, en nueve meses, el hombre ha consumido lo que a la naturaleza le cuesta doce meses producir. Los tres últimos meses representan lo que sustraemos de la ecosfera que no se reemplazará. Así, reducimos los recursos naturales disponibles para otras especies... y para nuestros hijos.

EL REPARTO TAN DESIGUAL DE LA HUELLA ECOLÓGICA es ya, en sí, escandaloso. Por un lado, se permite un desperdicio enorme mientras que por el otro hay gente que se muere de hambre.

EL REPARTO DE LA BIOCAPACIDAD →▤ TAMBIÉN ES DESIGUAL. Por ejemplo, al comprar ternera argentina, los europeos merman la biocapacidad de los argentinos.

LA EXPLOTACIÓN DE LOS RECURSOS NATURALES GENERA CONFLICTOS lo que provoca que los recursos sean inaccesibles para las poblaciones locales; se las priva del disfrute de la riqueza de su propio entorno. Estas poblaciones huyen de las zonas de conflicto por miedo a ser tomadas como rehenes. En 2008, más de un millón de desplazados se reagruparon en campamentos improvisados en la República Democrática del Congo. El entorno en seguida se vuelve incapaz de satisfacer sus necesidades vitales y su supervivencia depende de la ayuda de urgencia.

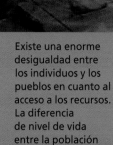

Existe una enorme desigualdad entre los individuos y los pueblos en cuanto al acceso a los recursos. La diferencia de nivel de vida entre la población de los países "desarrollados" y la de los países "en vías de desarrollo" es tal que empuja a mucha gente a dejar su país con la esperanza de una vida mejor. Las fronteras de Europa y Estados Unidos se parecen cada vez más a una fortaleza.

Sigrid, Alemania.
Mi madre forma parte de una asociación que hace trekking con minusválidos. Por turnos, los voluntarios les ayudan a franquear las dificultades del camino. En la excursión se recorrieron más de 100 kilómetros.

Los amigos de mis amigos...

LA VIDA EN GRUPO ES MUY IMPORTANTE PARA NOSOTROS. Es el tejido social. Su calidad tiene una influencia directa sobre nuestra salud física y mental.

EN BUSCA DE UN NUEVO EQUILIBRIO CON NUESTRO ENTORNO, también debemos replantearnos nuestra manera de vivir con los demás.

EL COMPORTAMIENTO ECOLÓGICO SUELE SER MUY RESPETUOSO CON LAS RELACIONES SOCIALES. La agricultura campesina, por ejemplo, es una actividad que proporciona productos alimenticios respetando el medio ambiente y desarrollando el tejido social. Todos los eslabones se conocen, intercambian opiniones e incluso servicios. El hecho de que el fruto que comemos haya sido cultivado por alguien que conocemos nos hace concienciarnos de la importancia de su trabajo y de la influencia del medio ambiente. Así, desperdiciamos menos, respetamos las estaciones en la compra, etc.

En los SIL (sistema de intercambio local), se construye una red de intercambio de bienes, servicios o conocimientos en la que no se utiliza el dinero. El principio consiste en intercambiar una hora de trabajo por otra en función de las capacidades y competencias de cada uno. Alguien cuidará un jardín a cambio de ayuda con los deberes de matemáticas, por ejemplo. Así, además de intercambios, se crean vínculos.

Jean, Francia.
Con mis amigos, hemos creado un pequeño servicio de entrega de pan y cruasanes el domingo por la mañana. Lo hacemos en bicicleta. Vemos a la gente, ganamos un poco de dinero y evitamos muchos desplazamientos en coche.

DISMINUIR EL CONSUMO CON LA IDEA DE COMPARTIR LOS RECURSOS con los demás es tener un proyecto de paz. Para que los más desfavorecidos tengan un nivel de vida decente que satisfaga sus necesidades vitales, es necesario que tengan acceso a más recursos y que los más ricos acepten compartir y disminuir su huella.

La economía informal 🗐 y distendida parece ser la solución más adaptada y más barata para ocuparse de actividades sociales como las redes de ayuda mutua (personas mayores, minusválidos, sin techo, etc.), el desarrollo de grupos de animación cultural local o en Internet, la asociación para la ayuda de personas con problemas...

← Ulaszlo, Hungría.
Las duchas de mi equipo de fútbol están equipadas con paneles solares. Además, tenemos mucho cuidado de no malgastar el agua caliente para que haya para todos.

Ocupo (exactamente) mi lugar

PARTICIPO DE FORMA MUY ACTIVA EN LA VIDA DE MI BARRIO: juegos, colegio, fiestas del barrio, asociaciones, movimientos de juventud, club deportivo, etc.

Para que todo este pequeño mundo continúe con su tranquila vida, tiene que estar en equilibrio con su medio.

PARA QUE YO PUEDA CONTINUAR SATISFACIENDO MIS NECESIDADES VITALES, y para que mis vecinos también lo hagan, al igual que el niño que está al otro lado del mundo, elijo la solución ecológica para mis compras, incluso en las más pequeñas.

Las excursiones, la acampada o los campamentos son ocasiones maravillosas para descubrir la naturaleza, la simplicidad y la convivencia.

Un estudio ha demostrado que estas actividades hacen reducir a la mitad la huella ecológica de aquellos que las practican. ¡Es hora de moverse!

← Fatima, Bélgica.
Todos los viernes, recibimos una cesta biológica con legumbres y lácteos. A menudo, descubrimos legumbres "olvidadas" que ya no se cultivan en la agricultura industrial.

LA TIERRA ES COMO UN GRAN BARCO. TODOS LOS PASAJEROS TIENEN DERECHO A UNA VIDA SATISFACTORIA.

¡TE TOCA A TI! Piensa en los demás, ¡los demás pensarán en ti!

La ayuda mutua es fundamental en todas las sociedades. Mantener a ONGs humanitarias, acoger a refugiados en el barrio, apoyar las reivindicaciones de los derechos de las minorías, todas estas pequeñas acciones nos hacen partícipes de la idea de una humanidad solidaria y acogedora: significa, al mismo tiempo, ocupar tu lugar y reconocer el de los demás.

Recursos naturales

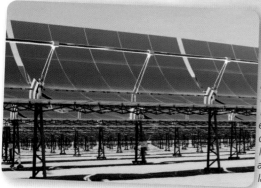

En Granada, a los pies de Sierra Nevada, 625 espejos convexos de 12 metros de longitud por 6 de ancho concentran la energía solar y producen vapor que se transforma en electricidad para 50.000 personas.

Las grandes aspas de los aerogeneradores ya giran en el cielo en muchas regiones. Cada vez veremos más en los campos pero también en los jardines y sobre los tejados. Se está investigando para mejorar sus prestaciones y estética para adaptarlos a las ciudades.

→ Juliette, Francia.
En mi colegio, la
electricidad la producen
170 m² de paneles
fotovoltaicos.

LA TIERRA REBOSA DE RECURSOS NATURALES. Algunos están vivos como las plantas, los animales, los productos alimenticios; otros son minerales como el oro, la arena, el agua, el cobalto; o fósiles como el petróleo, el gas, el carbón, etc.

DESDE SIEMPRE, EL HOMBRE EXPLOTA LOS RECURSOS NATURALES: los transforma en objetos o materiales gracias a otros recursos que aportan la energía necesaria para dicha producción. Por ejemplo, la madera, el gas o el petróleo se queman para cocinar, para dar calor o para hacer funcionar las máquinas.

Casas, muebles, vajillas, electrodomésticos, fogones, ropa, juguetes, automóviles, trenes, carreteras, colorantes, etc. Todos los objetos pequeños o grandes de la vida cotidiana se producen a partir de recursos naturales.

GRACIAS A TODO ESTE "EQUIPAMIENTO", LAS PERSONAS VIVEN JUNTAS, se reúnen, trabajan unos para otros, se comunican, se mueven, crean música, cocinan, etc. Los recursos de la naturaleza nos permiten vivir en sociedad. Según las sociedades, la cantidad de recursos naturales utilizados varía.

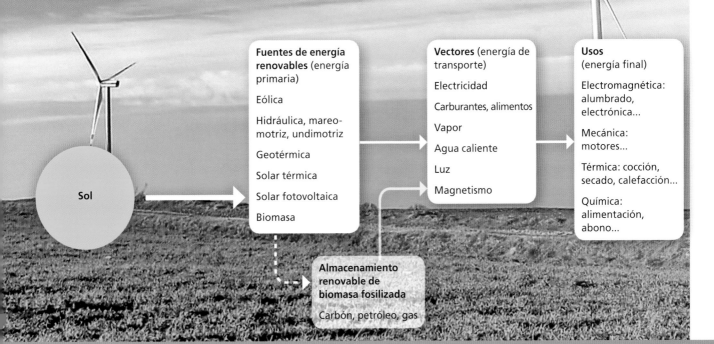

Sol

Fuentes de energía renovables (energía primaria)

Eólica

Hidráulica, mareo-motriz, undimotriz

Geotérmica

Solar térmica

Solar fotovoltaica

Biomasa

Almacenamiento renovable de biomasa fosilizada

Carbón, petróleo, gas

Vectores (energía de transporte)

Electricidad

Carburantes, alimentos

Vapor

Agua caliente

Luz

Magnetismo

Usos (energía final)

Electromagnética: alumbrado, electrónica...

Mecánica: motores...

Térmica: cocción, secado, calefacción...

Química: alimentación, abono...

El sol es inagotable, no contaminante y gratuito. Es el origen de prácticamente todas nuestras fuentes de energía.

Pero todas las fuentes de energía no son renovables. La eólica,

la hidráulica, la solar y la biomasa ⇥ son renovables. El carbón, el petróleo y el gas no lo son. La naturaleza ha necesitado millones de años para producirlas.

La electricidad es una forma de energía particular. Es un vector energético. Puede producirse a partir de diferentes energías primarias: 1, en las centrales térmicas a partir de uranio (recurso

mineral no renovable), gas, petróleo, carbón, sol o biomasa; 2, en las centrales solares gracias a paneles fotovoltaicos; 3, a partir del movimiento del

viento, en las centrales hidráulicas, por las olas, por las mareas, etc. Se reconvierte para su utilización final en energía mecánica, térmica o electromagnética.

← Jaroslaw, Polonia.
Mi escritorio es de una tienda de segunda mano. Lo lijé y lo volví a pintar yo mismo. ¡No hay ningún otro igual!

La tierra, generosa por naturalez.

CUANDO LA TIERRA ES RICA en minerales, nitrógeno o en otras sustancias nutrientes, pero también tiene pequeños animales útiles como gusanos, erizos, etc. las plantas se desarrollan bien. Ellas abrigan mucha vida cuyos desechos orgánicos, a su vez, enriquecen la tierra...

De la misma forma, cuando hay muchos insectos, hay muchos pájaros, bastantes gatos u otros depredadores y así sucesivamente. Es un ciclo natural.

¡El bosque es todo un mundo! En él encontramos setas, nueces y avellanas, ciruelas, moras, animales...

EL CICLO NATURAL CREA UN EQUILIBRIO ENTRE LOS RECURSOS NATURALES Y LA POBLACIÓN que los consume: si los recursos disponibles son escasos, se desarrollará poca vida y, al contrario, si son abundantes, la diversidad de la vida será amplia. Si no se da ningún suceso externo importante, la población de las diferentes especies se estabilizará.

Uno de los usos más importantes de los recursos naturales es la alimentación.

...madera para cocinar y calentarse, construir una casa o fabricar papel...

La tierra, generosa por naturaleza

ALGUNOS RECURSOS SON LIMITADOS, como los recursos fósiles (el carbón, el petróleo, el gas) o como los minerales (hierro, aluminio, uranio, etc.). **OTROS SON RENOVABLES,** como el viento o la biomasa. Si sólo utilizamos la cantidad necesaria, dejamos más tiempo para que el recurso se renueve.

LA NATURALEZA GESTIONA SUS DESECHOS: por ejemplo, las hojas caen a los pies de los árboles, se pudren y se transforman poco a poco en humus gracias al trabajo de microorganismos e insectos. El árbol se nutre de esta tierra enriquecida, crece, produce más hojas que caen a los pies del árbol...

AL RECICLAR, EVITAMOS TENER QUE COGER de nuevo de las reservas de materias primas no renovables y así las dejamos a disposición de las generaciones futuras.

Construir una casa, un refugio... Ejemplos de materiales utilizados	
Techo	Madera, chapa de hierro, zinc, tejas de terracota, pizarra, paja, caucho vegetal...
Paredes	Madera, arcilla cruda o cocida, hormigón (es decir, arena, grava, cemento...), paja...
Suelo	Baldosas (terracota pintada), piedra, madera, plástico (petróleo, productos químicos y colorantes), textil (alfombra de lana, de algodón, de coco...)
Fogón	Gas, electricidad, madera...
Cuidado	Agua, vinagre, jabón, textil, esponjas..
Calefacción	Fueloil, gas, madera, solar...

Ladrillos de terracota, muro de piedras, casa de adobe.

Rania, Jordania.
Siempre me han interesado las etiquetas de los productos: descubro todos los elementos de los que se componen.

La tierra arcillosa es una materia prima magnífica. Cruda o cocida, desde siempre ha servido para la cerámica y la construcción.

¡Un desecho puede ser una materia prima! Hay industrias que se especializan en la clasificación y el tratamiento de los desechos. Por ejemplo, el vidrio se fabrica a partir de una mezcla de arena, agua y otras sustancias que se calientan a altas temperaturas en hornos. Después de su utilización, se recupera el vidrio, se tritura y se convierte en "vidrio pulverizado" que se reutiliza para fabricar más vidrio. ¡Es reciclable hasta el infinito! Cristales, botellas, tarros, vajillas, bombillas, etc. el cristal está presente en todas las civilizaciones desde hace mucho tiempo. Los metales preciosos de las tarjetas electrónicas también se recuperan y se vuelven a introducir en el circuito industrial. Los desechos orgánicos se compostan y se utilizan como abono.

Ejemplos de recursos naturales y algunos de sus usos	
Hierro	Coches, vigas, chapas...
Tierra	Ladrillos crudos o cocidos...
Coltan	GSM, objetos cortantes...
Sal	Alimentación, tratamiento del cuero, fabricación de pesticidas, colorantes...
Petróleo	Plástico, jabones, tejidos, abono...
Árboles	Muebles, combustible para calefacción, viviendas, papel...

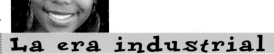

Bianca, Brasil.
En una parte del terreno familiar, cultivamos para comer y, en la otra, cereales destinados únicamente a la producción de biodiesel para el tractor y la calefacción.

La era industrial

DESDE HACE ALGUNOS CIENTOS DE AÑOS, LA PRODUCCIÓN INDUSTRIAL SE HA DISPARADO: fabricamos cada vez más objetos para alimentar un consumo creciente. Esta superproducción engulle muchas materias primas: ahora bien, los recursos de la tierra son limitados. En medio de esta locura, la producción de desechos aumenta también de manera inquietante.

INEVITABLEMENTE, LA TRANSFORMACIÓN DE MATERIAS PRIMAS PRODUCE DESECHOS. Ya sean humos procedentes de la combustión, cargados de CO_2, de dioxinas, de metales pesados o residuos sólidos como barros, pedazos de diversos materiales o agua más o menos limpia, todos estos desechos deben gestionarse, almacenarse, clasificarse, descontaminarse.

Mina de carbón a cielo abierto. Alemania.

El petróleo está por todas partes: se utiliza para la calefacción, para los motores; pero también en la fabricación de material plástico para vehículos y también en la

"petroquímica": la industria química, la agricultura, la producción alimenticia...

Ahora bien, las reservas de petróleo se agotan. Hay quien predice que para el 2050 se habrá acabado...

Es urgente encontrar nuevas soluciones que sustituyan al petróleo y disminuir el consumo de energía.

Aldo, Italia.
En unos días, el bosque de la colina
ha desaparecido: los árboles van hacia
China para la fabricación de papel.

En algunos casos, los desechos son reciclables y reintegrables en el ciclo de producción o entran en otros ciclos. Productos como el papel, el vidrio o los metales son clasificados, recogidos y reciclados. Desafortunadamente, otros no se reutilizan. Hay que encontrar soluciones para evitar que no se degraden y que no se extiendan por el medio ambiente.

Las toneladas de bolsas de plástico de un único uso que se distribuyen en las tiendas suponen un verdadero problema:

no son biodegradables, son tóxicas y suelen tirarse y abandonarse en la naturaleza. Actualmente, su distribución está prohibida en muchos países. Los consumidores han tenido que cambiar su actitud y se han adaptado muy rápidamente: van a la compra con cestas o con bolsas reutilizables. El beneficio medioambiental es enorme y el cambio de comportamiento se ha aceptado muy bien.

| Extracción de materias primas | Producción en la fábrica | Distribución a través de mayoristas, tiendas... | Uso: tú, tus amigos... | Clasificación de los desechos | Tratamiento de los desechos: incineración, enterramiento... |

Reutilización: ocasión, segunda mano

Reciclaje de los materiales

En cada etapa de la "vida" de un producto, se extraen recursos naturales: materias primas, energía primaria...

Para fabricar objetos, venderlos, transportarlos, utilizarlos, se necesita energía, instalaciones, carreteras... Lo mismo ocurre con la clasificación: los que

tiramos, reutilizamos, reciclamos...

Existen otros tipos de fábricas o talleres que proporcionan elementos del producto terminado, o también toda una serie de empresas

de servicios, ya sea para limpiar las oficinas, llevar la comida, ocuparse de la publicidad, del mantenimiento de las instalaciones, de las máquinas...

El análisis de este flujo de recursos es muy reciente. Es uno de los aportes de la reflexión ecológica de la economía.

Se le llama "análisis del ciclo de vida" del producto o del servicio.

Los contadores se vuelven locos

El maíz, el trigo, la colza, la caña de azúcar y otros cereales alimentan a muchas poblaciones de todo el mundo. No obstante, a partir de estos vegetales, también se producen biocombustibles, es decir, un recurso energético que puede reemplazar parcialmente al petróleo. La competencia es encarnizada entre los dos usos.

El problema es serio puesto que poblaciones enteras sufren la falta de alimentos. La superficie agrícola y el agua son escasas y el precio de los cereales para la alimentación ha aumentado mucho. Se están llevando a cabo investigaciones para aumentar la rentabilidad energética de los vegetales y reducir el impacto medioambiental de su cultivo intensivo garantizando al mismo tiempo que el alimento sea suficiente.

La apropiación de los recursos naturales por parte de los más ricos hunde a los "desfavorecidos" en la miseria.

Al margen de las ciudades más grandes del mundo viven poblaciones que no tienen otra elección que buscar sus recursos directamente entre los desechos de los demás.

César, Perú.
Al lado del barrio de chabolas en el que vivo, hay montañas de desechos. Todo está mezclado y huele mal.

131

LOS RECURSOS NATURALES SON MUY CODICIADOS puesto que son vitales. Cuando un pueblo encuentra en su entorno los recursos que necesita, vigila su autonomía y establece su modo de vida.

CUANDO UN RECURSO ESCASEA O DESAPARECE, ES EL EQUILIBRIO LOCAL O REGIONAL, NATURAL Y SOCIAL EL QUE SUFRE. La selva amazónica se destruye progresivamente para dejar sitio a la ganadería, a los cultivos intensivos o para explotar la madera de forma masiva. La tierra se empobrece, los recursos naturales de la selva y de las culturas tradicionales y variadas desaparecen. Los habitantes se ven forzados a abandonar su tierra, a emigrar hacia las ciudades donde trabajarán para las grandes industrias y perderán su autonomía.

LA RIVALIDAD POR UN RECURSO NATURAL PUEDE LLEGAR INCLUSO HASTA EL CONFLICTO ARMADO. La guerra de Irak es un ejemplo doloroso: los pozos petrolíferos se han vuelto tan indispensables para la industria que las potencias internacionales se disputan el acceso.

TONELADAS DE DESECHOS NO RECICLADOS O NO RECICLABLES SE ACUMULAN EN TODOS LOS RINCONES DEL MUNDO. La contaminación del aire y del agua preocupa: el CO_2 expulsado por las actividades humanas agrava el cambio climático; falta el agua limpia y dulce de manera cruel en ciertos pueblos; los desechos tóxicos destrozan la salud de los habitantes de regiones enteras.

Todo ocurre como si, por un lado, nuestra sociedad cavara un gran agujero para extraer los recursos naturales y, por el otro, elevara una montaña de desechos con los que no se sabe qué hacer. De media, se evalúa al menos la décima parte de los recursos utilizados que se encuentran en el producto final. ¡El 80 % de los productos vendidos sólo sirven para un uso!

Economizar los recursos

←
Kashja, Rusia.
He visto un carguero en la tele.
¡Tiraba de él una cometa gigante!
Su consumo de petróleo se reduce casi a
la mitad cuando el viento es favorable.

SÓLO TENEMOS UNA TIERRA Y NO ES INFINITA. Ahorrar y compartir los recursos que nos ofrece es cosa de todos.

CADA VEZ MÁS, LOS PAÍSES Y LOS GOBIERNOS SE PREOCUPAN CUANDO INVIERTEN EN ENERGÍAS RENOVABLES Y EN TECNOLOGÍAS ECOLÓGICAS. Algunos reglamentan firmemente la explotación de los recursos naturales y fomentan un consumo razonado. Poco a poco ponen en marcha sistemas de selección, reciclaje y reutilización de los desechos.

El proyecto «Solarimpulse», iniciado por dos franceses y apoyado por diferentes sociedades europeas, pretende hacer volar un avión día y noche propulsado unicamente por energía solar. ¡Dar la vuelta al mundo sin carburantes ni polución!

En Europa y en los Estados Unidos, se votan leyes para que los edificios reciban una "certificación energética", es decir, una evaluación de su consumo energético. Cuanto menos consumen, más cotizados son.

Tras una decisión del ayuntamiento, las administraciones de San Francisco ya no pueden comprar agua embotellada sino que deben consumirla de la red pública. Sin duda, esta política económica es financiera pero sobre todo energética: menos transporte de botellas, menos consumo de petróleo.

Suzanne, Alemania.
Cuando voy de acampada, utilizo una linterna con manivela. ¡Nada de pilas! Treinta segundos de "energía de codo" para quince minutos de luz.

LA TOMA DE CONCIENCIA MEDIOAMBIENTAL SE HA VUELTO GENERAL: las industrias, muy conscientes de la disminución de ciertos recursos naturales, buscan nuevas soluciones. Conciben productos cada vez más eficaces, ahorrativos en cuanto a recursos y reciclables. Pero nosotros los consumidores también podemos hacerles saber que queremos productos que no amenacen la tierra y que sean duraderos.

NO HAY UNA ÚNICA SOLUCIÓN AL PROBLEMA DE LOS RECURSOS Y DE LA ENERGÍA. El futuro reside en la variedad de soluciones adaptadas a cada región de la tierra, asociadas a la actividad ahorradora y pensada de cada uno.

En el sur de Mali, sólo el 3 % de la población tiene acceso a electricidad. El aceite de jatrofa podría mejorar esta situación al hacer funcionar grupos electrógenos. Otros aceites vegetales, como el pasto elefante, podrían ofrecer soluciones locales a los problemas de energía. Pero hay que ser prudente y evaluar las consecuencias de su cultivo en el medioambiente, la biodiversidad, la agricultura local...

Las nuevas generaciones de trenes recuperan la energía producida durante el frenado para inyectarla en la red eléctrica.

Además, se construyen casi exclusivamente con materiales fácilmente reciclables.

Un vehículo híbrido utiliza dos tipos de motores. Para arrancar, es el motor eléctrico el que trabaja. Cuando la velocidad es más elevada, el motor de gasolina toma el relevo.

Al frenar o decelerar, la energía del vehículo se recupera y se almacena en forma de electricidad en la batería.

← Klilia, Emiratos Árabes. Cuando termina el año escolar, selecciono todo el material que aún me puede servir: carpetas, lápices, papel...

Yo ahorro

CUIDAR LOS RECURSOS NATURALES NO ES MUY COMPLICADO: es cuestión de informarse previamente y, después, de elección. Puedo dar prioridad a los recursos abundantes y renovables: comer tipos de pescado menos amenazados, elegir objetos sólidos, de madera (renovable) o reciclables en vez de otros de hierro o de plástico, consumir la menor energía posible... ¡Y reciclar, reciclar, reciclar!

Ahorro en recursos naturales, protejo la tierra.

☐ Clasifico mis desechos.
☐ No tiro nada a la naturaleza.
☐ Reutilizo todo lo que puedo (agua, cuerda, cajas, material escolar, ropa...).
☐ Aprendo a reparar.
☐ Como menos carne.
☐ Compro fruta y legumbres a granel: ¡esto supone menos embalajes!
☐ Utilizo jabones ecológicos.
☐ Resisto la tentación de consumir demasiado: no hay necesidad de tener el último modelo o de ir a la moda.

☐ Consumo la menor cantidad de energía posible.
☐ Ahorro agua.
☐ Me informo de las alternativas más respetuosas con el medio ambiente.
☐ Intercambio mis juegos, CDs, etc. ¡Todo el mundo lo disfrutará!
☐ Utilizo los transportes públicos o comparto el coche.
☐ Evito coger el avión.
☐ Evito el exceso de embalaje.

Algunos pensadores han lanzado la idea de "decrecimiento": se imaginan una sociedad en la que el consumo está limitado de manera que se utilizan menos recursos naturales para proteger el futuro de las generaciones próximas. Esta forma de vida tendría consecuencias importantes y supondría un cambio fundamental en los campos económico y social. ¿La seguimos?

Lieve, Nueva Zelanda.
En mi clase, hemos puesto un cartel en la pared, justo encima de la papelera: "¡El mejor desecho es el que no existe!"

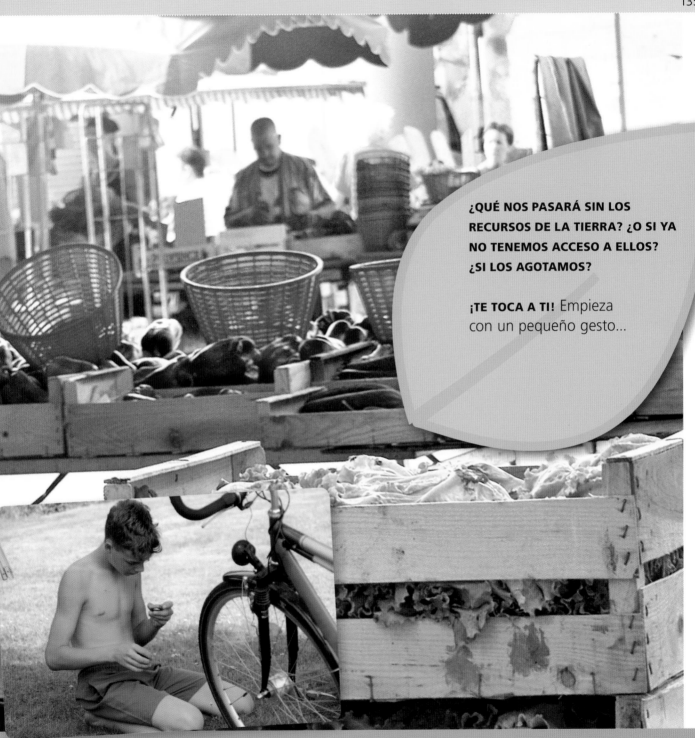

¿QUÉ NOS PASARÁ SIN LOS RECURSOS DE LA TIERRA? ¿O SI YA NO TENEMOS ACCESO A ELLOS? ¿SI LOS AGOTAMOS?

¡TE TOCA A TI! Empieza con un pequeño gesto...

No hay nada más apasionante que reparar y arreglar tu propia bicicleta. Entender cómo funciona, descubrir trucos para que ruede en silencio...

La bicicleta es una máquina particularmente eficaz: con el mismo esfuerzo, es entre tres y cuatro veces más rápida que caminar.

Es un medio de transporte más eficaz que cualquier otro utilizado por cualquier otro organismo biológico (el más eficaz por kilómetro es el vencejo y el segundo el salmón).

¡El record de velocidad en bicicleta es de 130 km / h! Con una bicicleta reclinada.

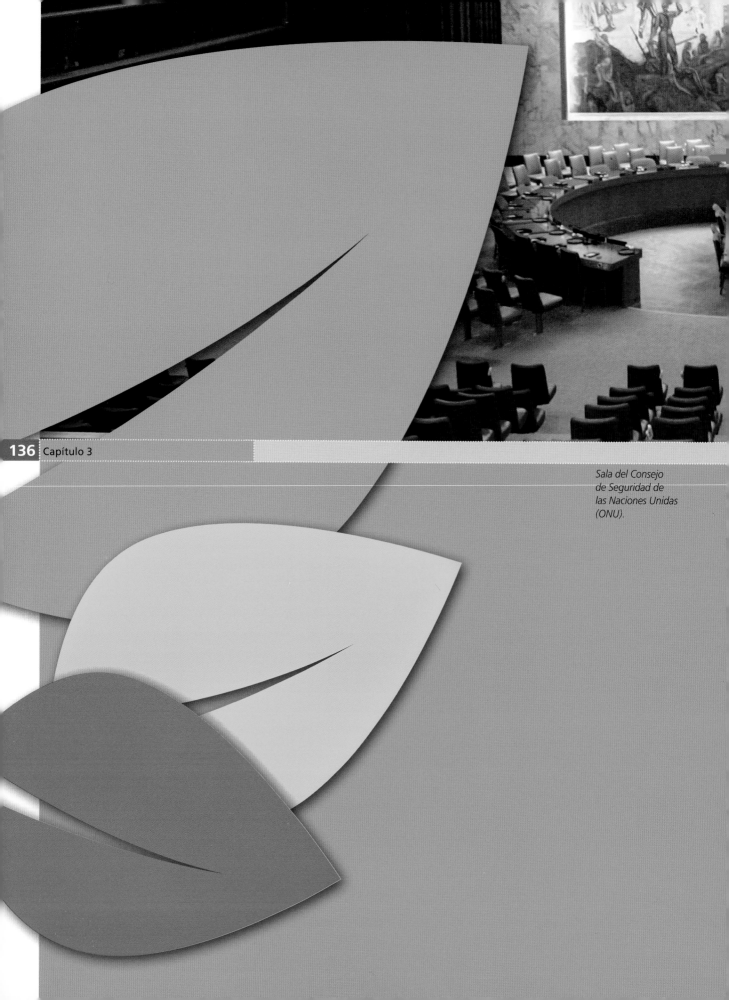

Sala del Consejo de Seguridad de las Naciones Unidas (ONU).

Vivir juntos

Producir y consumir

Las organizaciones económicas son muy variadas. A nivel de la agricultura, por ejemplo, varía desde una producción "de subsistencia" muy local en la que cada familia o pueblo cultiva todo lo que necesita, hasta una agricultura muy especializada en la que regiones enteras se consagran al cultivo de algunos productos que exportan. El resto, lo importan. Estos dos tipos de producción pueden coexistir y reflejan una diferencia de medios.

Asma, Kuwait.
Mis ancestros hacían millones de
kilómetros entre Oriente y Occidente
en camellos cargados de especias.

A TRAVÉS DEL TIEMPO, ya fuera para la agricultura o para la fabricación de objetos, los seres humanos han especializado los trabajos. Las tareas se repartían según la capacidad, los recursos y el talento de cada uno. Unos cultivaban, otros hacían el pan, otros se ocupaban del agua, construían viviendas o herramientas, organizaban el transporte...

LOS HOMBRES TAMBIÉN HAN RACIONALIZADO LAS ACTIVIDADES. Por ejemplo, al construir un gran barco que comparten varios pescadores, al unir las tierras y organizar los cultivos para satisfacer las necesidades de más familias.

ESTA TENDENCIA SE HA AMPLIADO HASTA LA INDUSTRIALIZACIÓN DE LAS ACTIVIDADES: por ejemplo, una empresa produce millones de coches, una región se convierte en una fábrica de trigo...

PARA SATISFACER TODAS SUS NECESIDADES (comida, vestido, desplazamiento, etc.), los hombres intercambian productos alimenticios, materias primas, objetos y servicios. Se les da un valor a las mercancías, generalmente en dinero, para regular el intercambio. Es el comercio, el mercado.

EL IDEAL ES QUE LAS TRANSACCIONES SEAN LO MÁS JUSTAS Y EQUITATIVAS POSIBLE para que cada parte tenga un interés.

EN LOS INTERCAMBIOS COMERCIALES, que pueden llevarse a cabo incluso en la otra parte del mundo, los hombres descubren nuevas ideas, técnicas interesantes, culturas diferentes, alimentos desconocidos...

Marruecos exporta, entre otros, fosfatos y legumbres a Polonia que, a su vez, le vende hierro, acero, azufre y vidrio.

Europa importa toneladas de ropa fabricada en China y en Indonesia y exporta madera. Pakistán es famoso por sus informáticos. Entre la enorme diversidad de

su producción, Turquía es el primer productor y exportador mundial de avellanas. Canadá instala trenes de metro en todo el mundo.

Francia es conocido por sus productos lácteos. Estos sólo son ejemplos: cada uno de estos países produce e intercambia también otras cosas.

←
Akihiko, Japón.
Hoy he hecho un trueque con mi vecina: hemos cambiado una película en DVD (muy bonita pero que ya he visto diez veces) por un par de patines muy pequeños para ella.

Actividades organizadas

LA ECONOMÍA REPRESENTA EL CONJUNTO DE INTERCAMBIOS, comerciales o gratuitos, en el seno de una comunidad, región, país, continente o del planeta.

El principio es relativamente sencillo: produzco manzanas y las pongo a la venta. Hay gente interesada en comprar las manzanas; si hay suficientes para todo el mundo, el precio se fijará fácilmente pero, si hay demasiadas manzanas, tendré que bajar el precio para poder venderlas todas. Por otro lado, si no hay suficientes se corre el riesgo de que el precio suba (los que las quieran realmente tendrán que pagarlas más caras).

SE HABLA DE SERVICIO PÚBLICO o de empresa pública cuando el bien o el servicio lo proporciona el Estado o la colectividad. Son empresas de interés general. Las vías, la distribución del agua, la policía o correos son servicios públicos en muchos países.

CUANDO LA EMPRESA ES PRIVADA, pertenece a una o varias personas que deciden su evolución en función de su interés personal.

Se dice que China es el taller del mundo porque produce y exporta textiles, herramientas, electrónica, etc. a muchos países.

Frutas como la piña, los kiwis, las fresas, los mangos y legumbres como las judías, los espárragos o los pepinos llegan a Europa en avión. Un ejemplo, el transporte de tan solo 1 kilo de fresas desde Israel consume 1 litro de petróleo.

Un carguero en el muelle esperando el cargamento. En 2005, se transportaron 116 millones de contenedores de los que casi el 60 % viajaron entre Asia y el resto del mundo.

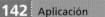

Organizaciones hiperactivas

LA ORGANIZACIÓN MUNDIAL DEL COMERCIO (OMC), se ocupa de las reglas que rigen el comercio entre países. Pretende facilitar los intercambios para que todas las mercancías puedan circular libremente en el mundo. La OMC organiza formaciones técnicas para los países menos avanzados y que estos puedan integrarse más fácilmente en el comercio internacional.

EN REALIDAD, LAS DIFERENCIAS SIGUEN SIENDO MUY PRONUNCIADAS ENTRE PAÍSES puesto que se necesita invertir mucho dinero para poder entrar en el comercio internacional. Se necesitan, carreteras, puertos, aeropuertos. Países enteros dependen de sociedades extranjeras que acceden a su mercado y arruinan las economías locales que no pueden hacerles la competencia. Algunas personas reaccionan contra esta injusticia y proponen nuevas ideas para cambiar las reglas del comercio internacional.

Las grandes empresas no son sólo occidentales. Compañías chinas e indias figuran entre los mayores grupos industriales del mundo.

LA BOLSA es otro actor muy influyente en la vida económica. Por un lado, en ella se fija el valor de las mercancías y de las materias primas y también el de las monedas en función al valor de las demás. Por otro lado, la bolsa permite a las empresas encontrar dinero para desarrollar sus actividades. Algunos grupos financieros se han vuelto muy poderosos, quizá demasiado, en detrimento de la colectividad.

EL BANCO MUNDIAL, por su parte, concede préstamos a los países en vías de desarrollo con condiciones muy accesibles, ayudas técnicas y consejo. Su misión es reducir la pobreza en el mundo apoyando proyectos de educación e infraestructuras (carreteras, vías, hospitales, etc.)

Escenario tipo de una empresa multinacional:

Una pequeña empresa de confección textil, por ejemplo, decide construir una segunda fábrica para responder a las demandas crecientes de sus clientes. Después, una tercera, una cuarta, etc. en otros países.

Seguidamente, la empresa decide extender y diversificar progresivamente su actividad a otros sectores relacionados con su oficio: la producción de algodón, la fabricación de tejidos, moda, etc. Después, cada vez más grande, se convierte en un grupo financiero que invierte en los medios de comunicación, en la distribución, en actividades metalúrgicas. La empresa reina sobre un imperio gigantesco y puede decidir crear empleo en un lugar o destruirlo en otro dependiendo de si la mano de obra es más barata o de si obtiene ayudas para implantarse en otros mercados...

Massus, Irlanda.
En la escuela, hemos analizado
anuncios y hemos intentado
comprender cómo nos influyen.

¡Ya basta!

AL IGUAL QUE LOS RECURSOS NATURALES, LA RIQUEZA CREADA POR LA ECONOMÍA ESTÁ REPARTIDA DE MANERA DESIGUAL ENTRE LOS PAÍSES. El "nivel de vida" medio de un Europeo es muy superior al de un africano.

UNA HORA DE TRABAJO NO TIENE EL MISMO PRECIO EN TODO EL MUNDO. Según el Banco mundial, más del 20 % de la población vive con menos de un euro al día.

Hong Kong, ciudad de negocios en China, se ha convertido en un centro de intercambio muy importante del mercado mundial.

La publicidad es una actividad relacionada con el desarrollo del comercio.

Los productores quieren que sus productos se conozcan pero también intentan crear la necesidad

e incitar a los consumidores a comprarlos.

← Vendelin, República Checa.
Mi armario está lleno de artilugios y pequeños juguetes que no me divierten mucho. No sé qué hacer con ellos.

Estas desigualdades favorecen la globalización económica: las sociedades de los países "ricos" producen los bienes y los servicios en países en los que la mano de obra es más barata para revenderlos luego en países donde los compradores pueden pagar un precio más elevado.

En menor medida, esto beneficia también a los países en vías de desarrollo puesto que consiguen dinero para invertir. Poco a poco, se convertirán en países emergentes →▤ como China, India...

El 20 % de los habitantes del planeta comparten el 80 % de la riqueza.

Cada año, los países más ricos (económicamente) y los dirigentes de las mayores empresas se reúnen en foros.

Así, en Davos, reunido el G8 (los ocho países más ricos), los poderosos deciden el futuro del planeta que moldean en su

beneficio. Crean proyectos de ayuda al desarrollo de los que se aprovechan los grandes grupos financieros.

Como reacción a esta situación, los que apoyan una globalización diferente crearon un Foro social mundial en 2001 en Porto

Alegre (Brasil) para demostrar que otro mundo es posible.

→
Anja, Finlandia.
Cuando acompaño a mi madre al supermercado, intento saber de dónde vienen los productos o los alimentos que compramos. A veces está indicado en la etiqueta y otras en los cartones de embalaje.

←
Toma, Croacia.
Mi hermano es herrero, hace herramientas para los otros artesanos y agricultores locales. Era el último de la región pero el año pasado contrató a dos aprendices.

Un mundo en el que todo está en venta

LA TENDENCIA DOMINANTE EN EL MUNDO ES PENSAR QUE EL MERCADO SE CONTROLA A SÍ MISMO y que limita las desviaciones y los excesos. Pero eso no es lo que ocurre. Lo más normal es que la brecha entre pobres y ricos se agrande.

LOS GRANDES GRUPOS INDUSTRIALES Y FINANCIEROS MULTINACIONALES DIRIGEN LOS MERCADOS MUNDIALES. Se concentran en sus intereses financieros y modifican el paisaje económico sin preocuparse demasiado por el equilibrio local, el reparto justo de la producción ni por la capacidad de sus empleados.

EN LOS PROCESOS DE DESLOCALIZACIÓN O DE GLOBALIZACIÓN, las empresas a veces explotan a los trabajadores que están menos organizados para defender sus derechos llegando incluso, en los peores casos, a amenazar su salud exponiéndolos a materiales peligrosos (pesticidas, uranio).
A veces incluso ellas amenazan su seguridad.

En 2001, la economía de Argentina se desmoronó tras una ola de privatizaciones, especulación bursátil desde el extranjero, fuga de capital al exterior y devaluación de la moneda.

En algunos meses, la tasa de pobreza subió hasta el 53 %, ¡más de la mitad de la población!

De repente, las redes de intercambio local alcanzaron un verdadero auge. Para algunos, el trueque se convirtió en un modo de supervivencia en un momento en el que el gobierno limitaba al máximo las retiradas de fondos de los bancos para intentar redirigir el sistema financiero. Según diferentes evaluaciones, el número de personas implicadas en los "clubs de trueque" (grupos de trueque o intercambio) se elevó hasta los 8 millones de argentinos.

Actualmente, tres multinacionales controlan más del 80 % del comercio mundial de cereales y seis el de pollos y huevos.

Tradicionalmente, Senegal producía y consumía pollos. Desde hace una década, este país importa millones de toneladas de pollo congelado europeo. Esta cría es enorme y se beneficia de ayudas gubernamentales. Los pollos se venden en África a un precio muy inferior a los de los corrales senegaleses. Los criadores africanos no pueden competir con las importaciones y pierden su fuente de ingresos. Esta situación es problemática por más razones. Los criadores no trabajan con las mismas ventajas que sus colegas europeos. El paro y la pobreza crecen y Senegal pierde su soberanía alimenticia.

← Drora, Israel.
Cada año, en mi región, organizamos un mercado de ropa de segunda mano. Hay otro también de utensilios de cocina.

Compartir la riqueza

ACTUALMENTE, SE ESTÁ PRODUCIENDO UNA ENORME MUTACIÓN. El medio ambiente está amenazado, la vida económica resulta difícil en numerosas regiones del mundo, el petróleo se encarece y escasea, millones de personas sufren de hambre y sed. Son indispensables nuevas ideas para la supervivencia de la tierra y de la humanidad.

EL MUNDO DEBE CAMBIAR. Escuchamos hablar por todas partes del desarrollo sostenible. Esta idea consiste en pensar en el futuro de la tierra para permitir que toda la humanidad y las generaciones futuras puedan vivir y trabajar en buenas condiciones (salud, alimentación, seguridad, bienestar) al tiempo que se protege el medio ambiente (el aire, el agua, el suelo, la biodiversidad).

El comercio justo es una manera de considerar la producción y los intercambios de manera que a los productores se les retribuya correctamente por su trabajo y que puedan decidir libremente qué harán con los beneficios. Este tipo de economía afecta particularmente a la agricultura. Esta práctica preserva los métodos y las técnicas de producción artesanales, da trabajo a muchas personas, favorece la participación de cada uno y la cooperación.

Muchas personas se preocupan por este asunto y cuestionan su manera de funcionar y de actuar. Los consumidores se organizan para obtener productos respetuosos con el medio ambiente, buenos para la salud y accesibles para todos. Las empresas y las industrias buscan soluciones técnicas duraderas, ecológicas y que ahorren recursos naturales.

Los gobiernos y otras instituciones aportan ideas para el cambio y proponen etiquetas y certificaciones que permitan a los ciudadanos distinguir los alimentos y productos que cumplen con el desarrollo sostenible.

TODA LA SOCIEDAD ESTÁ AFECTADA POR ESTE MOVIMIENTO Y CADA UNO PUEDE ACTUAR informándose y reflexionando sobre su manera de vivir, de comer, de consumir, de desplazarse...

Los comedores colectivos proponen cada vez más productos biológicos, de producción local y de temporada. No es ni más complicado, ni más caro: es sólo cuestión de organización. El sabor de los alimentos y la salud de todos bien valen el esfuerzo.

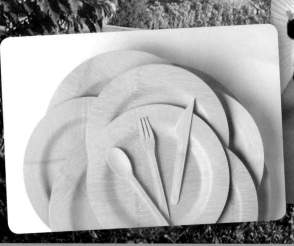

Centros de estudio analizan el ciclo de la vida completo y el impacto de la fabricación de productos sobre el medio ambiente. Proponen soluciones.

Por ejemplo, existen centros en los que los materiales no son tóxicos, su fabricación consume poca energía y produce pocos residuos. Además, son totalmente reciclables.

El arte de crear productos ecológicos se llama eco-concepción. Ya se pueden encontrar muchos de estos productos: vehículos híbridos, aislantes naturales, vasos de maíz o de bambú o resinas y pinturas naturales.

Caroline, Francia.
Gano un poco de dinero trabajando en los jardines de los vecinos: quiero comprarme una bici.

Consumo mejor

PARA VIVIR Y TENER UNA BUENA SALUD, necesito comer, beber, no tener demasiado calor ni demasiado frío, ¡y reunirme con los demás! Éstas son mis necesidades vitales. Está claro que también tengo ganas de muchas otras cosas: juguetes, dulces, novedades, productos... Estos son caprichos. Amenizan la vida pero no son necesarios.

Diferenciar entre necesidades y caprichos me ayuda a elegir y a respetar el medio ambiente.

Vivimos en una sociedad de consumo. Las palabras que dominan son comprar y consumir. Todo está organizado a mi alrededor para empujarme a gastar: la organización de las secciones de una tienda, la publicidad omnipresente y tentadora, las novedades en casa de los amigos... ¡Es difícil ser selectivo!

Cuando compro algo, puedo elegir entre el producto que respeta mejor al trabajador, que está menos embalado, el más natural, el más fácilmente reciclable, el más sólido y reutilizable, el que procede de mi región, el que es de temporada, etc. Son pequeñas ideas a tener en cuenta, siempre. Se convertirá en un reflejo y no seré yo sólo quien actúe así.

Sea como sea, cuanto menos compro, menos recursos naturales consumo y más respeto la Tierra.

La huella ecológica mide el impacto de nuestra forma de vivir y consumir en el planeta y en los ecosistemas.

En condiciones ideales, no deberíamos consumir más recursos de los que la tierra es capaz de regenerar.

La huella ecológica se calcula midiendo la superficie necesaria para renovar los recursos extraídos por la actividad humana.

De media, nuestro consumo actual representa una huella de 2,23 hectáreas por persona mientras que sólo disponemos de 1,8.

Mermamos la capacidad de la Tierra de satisfacer las necesidades de las generaciones futuras.

Además, hay grandes diferencias entre los países del mundo. Si todos los habitantes de la Tierra vivieran como los franceses, serían necesarios tres planetas.

Haila, Bélgica.
En una página de Internet, he encontrado un cuestionario que me ha permitido calcular mi huella ecológica.

Comer productos de temporada sin que tengan que viajar en avión, ¿es posible? Por supuesto, existen mermeladas, frutos secos, manzanas que se guardan en la bodega todo el invierno...

Los elementos que componen un yogur de frutas del bosque recorren un total de 9.115 kilómetros según un estudio alemán. Y eso que las frutas procedían de Polonia, no de Israel o del sur de África. De hecho, ¿has probado el yogur con mermelada de tu abuela? Además, es muy sencillo hacer yogur casero. ¿Lo sabías?

La cultura

Los textos científicos árabes se tradujeron en el Renacimiento al latín y fueron transmitidos por occidente. Contenían la sabiduría griega, china, india y árabe.

Kätlin, Estonia.
Mi madre dice que
la cultura es lo que
queda cuando todo
lo demás se olvida.

A menudo se dice que la cultura viene después de la naturaleza, o que la cultura es lo contrario a la naturaleza. De hecho, las dos están estrechamente relacionadas y se influyen la una a la otra.

LA MANERA PARTICULAR EN LA QUE ALGUIEN UTILIZA LOS RECURSOS NATURALES, se comunica con los demás, organiza los intercambios y la sociedad, es su cultura y su identidad. Los indios, los gitanos, los belgas, los keniatas y los californianos no viven de la misma manera: su cocina, su música, su vida familiar, su idioma, sus técnicas agrícolas y artesanales, sus creencias, sus valores, su medicina...
Todo es diferente.

Como la biodiversidad en la naturaleza, la diversidad de culturas es de una riqueza infinita. La cultura suele estar ligada a un territorio y, por lo tanto, a un entorno específico.

A través de los viajes y los intercambios, las personas se enriquecen con otras culturas.

Grandes metrópolis como Ciudad de México, Nueva York, Bombay y muchas otras tienen una gran mezcla de comunidades.

Las ciudades, cruces multiculturales, inventan desde siempre nuevos modelos de vida.

← Ingibjörg, Islandia.
Aprendo caligrafía china y me encantaría estudiar la árabe. Pienso que eso me ayuda a descubrir otras culturas.

El animal social

LA CULTURA ESTÁ PRESENTE EN TODAS LAS ACTIVIDADES HUMANAS Y REFLEJA UNA VISIÓN DEL MUNDO. Expresa la relación que los hombres tienen con el mundo.

UNA MISMA CULTURA UNE SOCIALMENTE A LAS PERSONAS QUE LA COMPARTEN: sienten que pertenecen a una comunidad y que son reconocidos por los demás. La cultura forma parte de la identidad y da sentido a la vida.

Awélé, un juego africano que "cuenta" las semillas.

La cultura es el "saber" y el "estar" de un pueblo:
la cocina
la lengua
la ropa
la medicina
las técnicas artesanales
la arquitectura
los juegos
las fiestas
el teatro
las canciones
la música
las creencias
los valores éticos
los objetos cotidianos
la ciencia
los inventos
la literatura
las tradiciones
las religiones
la filosofía
la pintura
los instrumentos musicales
las leyendas
los cuentos
las canciones de cuna

Los monumentos dejan huellas a través del tiempo. Nos proporcionan, entre otras cosas, una idea de la relación de los pueblos con el entorno.

←
Naël, Palestina.
Ayer, invité a un amigo a la fiesta del Aid el Fitr que marca el fin del Ramadán. Todo el mundo intercambia palabras de amistad y hermandad.

Diversidad cultural

LA CULTURA SE FUNDAMENTA, ENTRE OTRAS COSAS, EN LA RELACIÓN DEL HOMBRE CON LA NATURALEZA. Una cultura "tradicional" busca la perpetuación y evoluciona lentamente. Suele tener una relación estrecha con la naturaleza a la que considera sagrada y preciosa. Sus recursos se utilizan con medida y precaución.

LA CULTURA OCCIDENTAL ES "MODERNA". Busca evolucionar sin cesar, se construye sobre la idea del "progreso". Efectivamente, evoluciona demasiado rápido y hace olvidar a las personas su relación con la naturaleza. No recuerdan que sólo hay una Tierra, que los recursos son limitados y que necesitan tiempo para renovarse. Los hombres extraen de la naturaleza y la explotan sin límite para satisfacer su consumo hasta tal punto que ciertos recursos desaparecen o están a punto de hacerlo (el petróleo, el atún rojo, el hierro...).

No siempre es fácil vivir en una sociedad multicultural: exige una gran tolerancia y un diálogo permanente entre las diferentes comunidades.

La historia antigua y reciente está llena de éxitos y de fracasos. En la Edad Media, España fue invadida por los árabes y las mezclas culturales y religiosas fueron intensas entre las diferentes comunidades que estaban en contacto: musulmanes, judíos, cristianos; árabes, bereberes, celtas, persas, chinos...

Largos periodos de paz favorecieron los intercambios culturales en Sevilla, Córdoba y Granada. Cada comunidad aportó sus conocimientos y sus técnicas. Así, la filosofía, la técnica, la medicina, la cerámica, la poesía, el flamenco, etc. se enriquecieron.

LAS CULTURAS SE INFLUYEN LAS UNAS A LAS OTRAS. Gracias a los viajes y a los intercambios comerciales pero también a las guerras y las colonizaciones, las palabras pasan de una lengua a la otra, los objetos circulan e influyen a los artistas... Por ejemplo, las máscaras africanas traídas de las colonias causaron una fuerte impresión en Picasso y le inspiraron. A la influencia de una cultura sobre otras se le llama "proyección".

El latín se difundió por todo el territorio del Imperio romano y dio lugar a las lenguas romance como el español, el portugués, el francés, el italiano, el rumano...

Cada idioma ha evolucionado por el contacto con otras lenguas. Al rumano, por ejemplo, le ha influenciado la lengua eslava, al francés, la gala...

El agua es un bien escaso e indispensable para la vida. Se la venera en el mundo entero: fuentes y ríos sagrados, bautismo, rituales de purificación. En cierta manera, la cultura recuerda e insiste en el carácter precioso del agua. Pero, allí donde su acceso se ha banalizado, pierde su lado sagrado. Es suficiente abrir el grifo para disponer de ella en abundancia... hasta que falte. Nada más recuerda al hombre que la protección de la naturaleza es vital para su supervivencia.

La tentación del poder

LAS TÉCNICAS DE INFORMACIÓN, DE COMUNICACIÓN y los medios de transporte facilitan la circulación de personas, ideas y, por lo tanto, de culturas en el mundo.

Internet, por ejemplo, abre infinitas posibilidades de descubrir pero también amplifica el poder de los que lo controlan. Así, en los inicios de Internet, sólo se podía utilizar el alfabeto anglófono: era imposible usar acentos ni otros tipos de letras (chino, cirílico, etc.)

A TRAVÉS DE LOS PRODUCTOS COMERCIALES, SE IMPONE TODA UNA CULTURA.

Y viceversa: el modelo cultural occidental se ha impuesto en numerosas regiones del mundo mediante el cine, la televisión, las noticias, la publicidad... Valoriza el liberalismo económico, el dinero y el consumo. En hechos, eso se traduce a menudo por la ley del más fuerte, es decir, del más rico, sin tener en cuenta las culturas locales, hasta hacer olvidar que ese modelo ya no es representativo de la diversidad cultural occidental.

Al igual que Internet, la televisión es lo mejor y lo peor. Fuente de placer, de aprendizaje, de descubrimientos y de apertura al mundo, los programas televisivos pueden manipular del mismo modo a los telespectadores hasta imponer un pensamiento único u obligatorio. Estas tecnologías pueden afirmar el respeto por el hombre y por la naturaleza pero también contribuir a su esclavitud y a la destrucción del planeta. Es importante estar alerta de los contenidos de los medios. En muchos países, existen consejos encargados de controlar y velar por la independencia del pensamiento, el respeto hacia ciertos valores propios de la cultura de dichos países y la calidad de las emisiones.

Yves, Luxemburgo.
Mi escuela ha organizado intercambios lingüísticos con el país vecino. Un niño de mi edad ha vivido con nosotros durante 15 días. Se sorprendió mucho al ver cómo mamá preparaba los bocadillos. Al final, le gustó mucho.

LA DIVERSIDAD CULTURAL del planeta es tal que a veces resulta muy difícil comprenderse y entenderse, como en la leyenda de la torre de Babel cuya construcción fracasó porque los obreros no se entendían entre ellos. La historia del mundo está llena de guerras, migraciones, tiranías y fanatismo por causas culturales. Afortunadamente, también se han dado muchos episodios de diálogo entre culturas.

Uno de los dramas de la deforestación de la selva amazónica no es sólo la desaparición de los árboles y la biodiversidad sino también la amenaza que pesa sobre las poblaciones locales cuya vida y costumbres dependen de la selva. En 2008, los Nukak, los últimos cazadores recolectores nómadas de Colombia, fueron declarados en peligro inminente de extinción física y cultural.

Romina, Argentina.
Un amigo me ha prestado un libro traducido del chino: he entendido muchas cosas sobre la China actual y he cambiado algunas de las ideas preconcebidas que tenía del país.

La ley del más fuerte

PELIGRO: PÉRDIDA DE DIVERSIDAD CULTURAL. Cuando un producto estandarizado se impone en una región, sustituye a los productos locales concebidos y adaptados a la vida de esa comunidad específica. Esto perturba diferentes aspectos de la vida de las personas y de su entorno.

El pan, alimento básico, varía de forma y sabor de una cultura a otra. La harina utilizada puede proceder del trigo, del centeno, del maíz, del arroz, de la patata o de la soja. Si, por ejemplo, reemplazamos el pan de maíz cultivado localmente por un pan industrial, fabricado a partir de trigo importado.

Toda la agricultura se conmociona: se producirá una reducción de las salidas del maíz lo que entraña la pérdida de trabajo y de recursos de los agricultores. El cultivo del trigo puede no acomodarse a la región por lo que se necesitarían aportes químicos con las consecuencias negativas correspondientes para el suelo y el agua. Además, desaparece toda la técnica y la historia relacionada con ese pan de maíz.

Según la UNESCO, una lengua indígena se pierde cada dos semanas. Cada vez que un pueblo o que una lengua muere, lo que desaparece para siempre es una visión del mundo, una cultura y unas técnicas.

Las prácticas comerciales de los fabricantes de cigarrillos ilustran muy bien el vínculo entre la cultura y la economía imperialista que ignora la salud de la gente y de la cultura local. En algunos países pobres, ofrecen cigarros gratis a los jóvenes a la salida de los colegios. El tabaco es el símbolo de la libertad, del éxito y de la moda. Los adolescentes son vulnerables, se vuelven dependientes y dedican el poco dinero que tienen para comprar cigarros que les destrozan la salud.

Las sociedades humanas tienen un talento increíble para utilizar su entorno. La mayor parte de los medicamentos proceden de las plantas. Según si vivimos en India, África o Europa, las plantas son diferentes por lo que los medicamentos también lo son. La tradición medicinal es muy variada. Algunas empresas estadounidenses salen en busca de esos conocimientos locales, patentan las recetas, las industrializan y las vuelven a vender a los mismos países de donde procede la fórmula original. Los habitantes ya no pueden fabricar ellos mismos los remedios puesto que la receta está protegida por la patente. A esto se le conoce como biopiratería. Se extiende también a las semillas cultivadas.

Algunas asociaciones buscan soluciones contra esta biopiratería pero en la mayoría de las ocasiones son demasiado caras para ponerlas en marcha. Vandana Shiva, científico indio, ha recibido el premio Nobel Alternativo por su lucha contra la biopiratería.

SE HABLA DE UN RIESGO DE UNIFORMIZACIÓN, de pensamiento único, de pérdida de diversidad cultural e incluso de peligro en cuanto a la supervivencia de algunas comunidades cuyo objetivo (o prioridad) no es extender su influencia.

La reglamentación en materia de higiene es cada vez más estricta en Europa en lo que concierne a la alimentación. Los artesanos deben invertir en materiales más costosos que no pueden permitirse por lo que la producción artesanal desaparece rápidamente.

Prácticas culturales

Tshering, Bután.
Voy mucho a ver las películas y espectáculos que propone el Centro cultural. ¡Los hay de todo el mundo!

LA CULTURA ESTÁ POR TODAS PARTES: en los platos, en la radio, en los sentimientos, en los inventos. Es lo que le da sentido y color a nuestras vidas como seres humanos. Ser conscientes del vínculo tan estrecho que existe entre la cultura y la naturaleza, preservar y enriquecer la cultura, comenzando por la propia, también es participar en la salvación del planeta.

Por todo el mundo, asociaciones censan e intentan salvar prácticas, conocimientos y técnicas únicas. Para no olvidarlas y mantener toda esta riqueza tan útil, es necesario transmitir estas prácticas, enseñarlas.

Por ejemplo, una pequeña asociación de Córcega ha puesto en marcha una operación de rehabilitación del patrimonio construido. Para ello, están censando las técnicas de las empresas artesanales de construcciones rurales con el objetivo de salvar el patrimonio. En realidad, este proyecto contribuye además a desarrollar una actividad económica, social y turística importante.

Una organización marroquí colabora en esta misión, interesada por el enfoque tan diferente de la construcción.

La solidaridad y la ayuda humanitaria son indispensables para mantener a las regiones con problemas.

No es un motivo para negar las costumbres culturales locales. Hay que realizar todo un trabajo delicado para percibir los límites entre la injerencia y una ayuda respetuosa con las diferencias y los rasgos específicos.

La cultura se construye paso a paso durante años y siglos. Se transmite de generación en generación a través de gestos y costumbres de cada día. La forma en la que se acuna a los bebés, las historias que se les cuenta, lo que les damos de comer, etc. les hace entrar poco a poco en su cultura, anclar sus raíces.

La Organización de las Naciones Unidas para la educación, la ciencia y la cultura (UNESCO) mantiene el patrimonio mundial, tanto material como inmaterial. Así, por ejemplo, el Carnaval de Binche, en Bélgica, los narradores de la plaza Jamaa El Fna en Marruecos o el minarete y los vestigios arqueológicos de Djam, en Afganistán, forman parte del patrimonio cultural de la humanidad.

Gracias a la UNESCO, al proteger la cultura, se contribuye a la paz mundial: la historia y las formas de vida de los pueblos se valoran y se respetan.

Souvansaï, Laos.
De mayor, seré traductor. Me
encantan las palabras y los idiomas.
A veces intento ponerme en el
lugar de otros, comprenderlos...

164 Acciones personales

Soy heredero del mundo

DESDE LOS MÁS PEQUEÑOS A LOS MÁS MAYORES, A TODOS NOS MODELA UNA O MÁS CULTURAS. Es nuestra manera de habitar la tierra y de relacionarnos con los demás.

Pero, ¿cómo unir el cuidado del planeta con mi forma de vivir? No es difícil: hay que estar atento a las consecuencias que nuestros gestos cotidianos tienen sobre los elementos naturales y los recursos de la tierra como, por ejemplo, la manera en la que nos cuidamos, los materiales con los que se ha fabricado nuestra casa, etc.

Puedo actuar para que mi forma de vida respete la tierra y evitar los gestos que la dañan.

Para eso, no hay más solución que abrir bien los ojos y los oídos, informarse, documentarse, plantearse cuestiones, ver más allá de uno mismo y participar en la vida social y cultural. ¡Ser curioso y tolerante!

Esto nos permitirá, a nosotros y a las generaciones futuras, sentirnos bien con nosotros mismos, abrirnos, experimentar, compartir experiencias y vivir en paz y seguros.

En África, hay un dicho que reza así: "un anciano que muere es una biblioteca que se quema". La juventud puede aprender de sus experiencias, de sus recuerdos, para construir un futuro que respete el "genius loci": el espíritu del lugar.

Rita, Sicilia.
Mi abuelo sabe cómo
construir un nido para
pájaros. Me va a enseñar.

**TU MANERA DE VIVIR
CON LOS DEMÁS REVELA
TAMBIÉN EL RESPETO
QUE SIENTES POR LA TIERRA.**

¡TE TOCA A TI! Eres el cruce
de muchas influencias,
tus elecciones orientarán
la vida de los demás,
hoy y mañana...

**La cultura,
¡es algo serio!**

- cantar, jugar, bailar,
dibujar, etc.

- participar en las
actividades de la
casa de juventud

- ser atento e
interesarse por la
vida de los demás

- viajar y respetar
la cultura local

- intentar comprender
a los demás

- cuestionarme
cosas, intentar
comprender el
mundo

- compartir mis
conocimientos y mis
destrezas

- aprender

- abrirme a los
cambios

- no pensar que la
hierba siempre es
más verde en el
jardín del vecino

- descubrir lo que me
rodea

- interesarme por la
historia

- no pensar que
tengo razón siempre

¡Y tener siempre en
cuenta la salud del
planeta!

Acceso al saber

Tradicionalmente, la transmisión de un oficio se hace a menudo dentro de la familia. En las granjas, los niños trabajan en la explotación de los padres y sus hijos harán lo mismo. Existe una continuidad pero también un cambio. De generación en generación, las granjas evolucionan y se transforman. Por ejemplo, actualmente, como los problemas medioambientales y de salud aumentan, muchos agricultores vuelven a métodos agrícolas más ecológicos, más respetuosos con la tierra. Así, la agricultura biológica se encuentra en pleno auge e integra los conocimientos antiguos con la ciencia moderna.

→

Laszlo, Hungría.
No me gusta el colegio excepto
cuando nos toca geografía: en
esa clase, tengo la sensación de
que hablamos de cosas reales.

PARA VIVIR Y SOBREVIVIR, los hombres deben evolucionar y adaptar su modo de vida a los cambios de contexto y del entorno. Para ello, comunican y transmiten su cultura, sus conocimientos y sus destrezas a los más jóvenes quienes, a su vez, harán lo mismo.

CADA COMUNIDAD INTENTA SATISFACER SUS NECESIDADES VITALES (comida, bebida, seguridad) y sociales (relacionarse con los demás) y utiliza sus conocimientos y sus medios para conseguirlo. Pero, para sobrevivir, también debe aprender e inventar nuevas técnicas para afrontar la evolución natural, social y económica.

LAS COMUNIDADES HUMANAS SON DINÁMICAS Y CREATIVAS. El saber colectivo forma parte de los recursos.

En la vida, hay que aprender de todo, es una cuestión de supervivencia. Aprender a reconocer lo que es comestible o peligroso, las plantas que pican, a los amigos, aprender a hablar, a callarse...

Aprendemos por necesidad, mediante juegos, por placer, porque nos hace mejores.

En la escuela, en casa, en la calle, en el mercado, en todas partes.

Cuando somos bebés, niños, adolescentes, adultos, ancianos, toda la vida.

Conocimientos y destrezas:

Las culturas, las ciencias, las técnicas, las tecnologías, los conocimientos científicos, los métodos, los remedios,

las recetas, las ideas, los inventos...

Mensah, Ghana.
Mi abuela sabe un truco estupendo
para las picaduras de insectos: aplica
una mezcla de diferentes plantas sobre
la picadura y en seguida se pasa todo.

Transmitir la riqueza

LA TRANSMISIÓN DE LOS CONOCIMIENTOS y de la cultura se realiza en la familia, en la escuela, entre amigos, en asociaciones, a través de cultos, en las empresas, en las fábricas, es decir, a cualquier edad y en todos los niveles de la sociedad.

Los niños crecen y se les educa. Se convierten en adultos autónomos gracias al saber que los mayores les han transmitido. La sociedad y el entorno cambia y se transforma: hay que adaptarse, inventar cosas nuevas, mejorar lo que ya existe para afrontar los cambios. La humanidad inventa y crea a partir de lo que ya se sabe y lo nuevo que se descubre.

Un grupo de científicos senegaleses investiga activamente las prácticas médicas a base de plantas que la población se transmite de generación en generación.

Estos valiosos conocimientos mantenidos por las mujeres y los ancianos a menudo se ha visto reemplazado por los fármacos occidentales.

Obviamente, esto también da buenos resultados pero las prácticas ancestrales a menudo están mejor adaptadas a la población, al país y al presupuesto de las personas y, a veces, dan mejor resultado.

El papel de la escuela es muy particular.
Debe ofrecer a todos los niños una formación
colectiva. Les enseña cómo integrarse en
la sociedad, cómo perpetuarla (reproducirla)
y cómo conseguir que evolucione gracias
a su creatividad.

Tseyang, Tíbet.
Los arqueólogos afirman
que se fabrica ropa de lana
animal desde el 1260 AC.

Conocimientos y destrezas

EN TODO EL MUNDO, SE CREAN ASOCIACIONES PARA UNIR, COMPARTIR Y TRANSMITIR CONOCIMIENTOS, TÉCNICAS E IDEAS. Crean y animan a redes de personas interesadas por los mismos temas y también mantienen contacto con otras asociaciones extranjeras.

TECNOLOGÍAS COMO INTERNET permiten una difusión sensacional de información y de conocimiento. Algunas explotan esta posibilidad con éxito. Por ejemplo, existe una base de datos de buenas prácticas campesinas contra la desertización en Sahel. Una buena manera de colaborar para proteger la tierra.

Los medios de acceso al saber son múltiples: libros, películas, Internet, televisión, carteles, desplegables, educación, canciones, teatro, reuniones, formación, cursos, conversaciones, encuentros, tradiciones, fiestas, rituales, ceremonias, etc.

Existen empresas que ofrecen una parte del tiempo de trabajo a sus empleados para que formen o desarrollen proyectos de investigación.

Todos los países de Europa otorgan ayudas públicas a la prensa. Este sustento le permite sobrevivir y, en principio, garantiza una cierta independencia.

"La escuela es la herramienta de reproducción del modelo de sociedad".

Ésta es la crítica que formulan muchos intelectuales, desde Pierre Bourdieu hasta Pierre Rabí pasando por Albert Jacquard o Ricardo Petrella.

Hoy en día, casi todo el mundo está de acuerdo en que la sociedad debe cambiar y tener más en cuenta el medio ambiente.

El reto es enorme, ¿conseguirá ser la educación, en esta ocasión, un factor de cambio?

P. Rabí: "Después de la pregunta, ¿qué planeta les dejaremos a nuestros hijos? la nueva cuestión que se presenta es: ¿qué hijos le dejaremos al planeta?".

EL ACCESO AL SABER CUESTA DINERO, TIEMPO y se necesitan medios técnicos.

Los estados, las ciudades, los ayuntamientos y los colectivos pueden facilitar el acceso al saber: otorgan medios financieros, humanos y técnicos. Un país dedicará dinero a la formación de adultos, otro privilegiará el desarrollo de infraestructuras de comunicación como el acceso a Internet para la mayor cantidad de gente.

EL TIEMPO PARA APRENDER es importante en la transmisión de conocimientos: en algunas regiones, cuesta tanto tiempo y es tan difícil encontrar y producir qué comer y beber que el tiempo y los medios se consagran prioritariamente a satisfacer estas necesidades vitales.

La medicina china fue transmitida a los árabes. Estos últimos edificaron bibliotecas gigantescas para conservar y enseñar sus conocimientos.

Una gran parte de este conocimiento se les comunicó a los romanos hasta que, enriqueciéndose poco a poco y, en ocasiones, perdiendo algunos conocimientos, constituyó la medicina occidental. Estos intercambios entre civilizaciones continúan.

Actualmente, la medicina ayurvédica (india), la acupuntura china, la fitoterapia tibetana y otras prácticas terapéuticas enriquecen la medicina en occidente y viceversa.

← Ryan, Australia.
He encontrado un libro que lo explica todo sobre los insectos. Es caro pero pronto tendré el dinero suficiente para comprarlo.

Otra dificultad que frena el acceso al conocimiento es el miedo a la evolución que en ocasiones ha llegado incluso a destruir libros, cerrar salas de espectáculo, prohibir las reuniones o cualquier otra acción que pudiera hacer tambalear el poder o reestablecer una cierta tradición.

En caso de guerra, catástrofes naturales, periodos de inseguridad o de pobreza, el acceso al saber es difícil. Primero se busca la supervivencia. Sin embargo, en todas las guerras, observamos lo mucho que algunos se preocupan para salvar su patrimonio cultural corriendo grandes riesgos puesto que saben que están salvando una parte de su identidad.

La tierra sufre y está en peligro. Las actividades humanas son las responsables de estos problemas. Dos caminos son posibles: crear nuevas tecnologías que preserven la tierra y a la humanidad (las tecnologías verdes), o redescubrir conocimientos olvidados o descuidados pero rebosantes de posibilidades y compatibles con la salud del planeta. ¡O los dos!

Algunas técnicas de conservación de la información			
Técnica	Aplicación	Duración	Riesgo
Piedra	Arquitectura, escultura...	Milenios	Erosión
Arcilla	Placas	Milenios	Erosión, fracturas
Madera	Grabados, mobiliario	Milenios	Podredumbre, fuego, parásitos,
Papel	Libros, rollos	Milenios, siglos	Podredumbre, parásitos, fuego
Película argéntica	Fotos, microfilm	Siglos	Fuego, química
Magnetismo	Disco duro, banda, CD-rom	20 años	Desaparición de los lectores, borrado

Desde siempre, una pregunta sigue sin respuesta: ¿cómo conservar todo el saber? Una parte de este conocimiento se transmite "oralmente" y de memoria de unos a otros, otra se transcribe o se "fija" en objetos, en monumentos. Por ejemplo, el código de Hammurabi, ha sobrevivido 40 siglos grabado en una estela de basalto. Aún se puede leer el texto. Cantidades enormes de conocimiento se han "almacenado" en papel. Pero el papel se pudre, se quema, se vuelve polvo. Por lo tanto, la humanidad corre el riesgo de perder dicho conocimiento. Hoy en día, la información almacenada gracias a los ordenadores es mayor aún. Pero, por primera vez, sin un ordenador (¡y todo lo necesario!) y energía somos incapaces de leerlos. El almacenaje se ha convertido en un rompe cabezas. Si un virus informático destruye los datos, ¡la humanidad corre el riesgo de perder la memoria!

El peligro del pensamiento únic

LA SUPERVIVENCIA DE LA COLECTIVIDAD DEPENDE DE LOS CONOCIMIENTOS, del saber y de la experiencia acumulados a lo largo de siglos de generación en generación. Es importante concienciarse y perpetuar esta comunicación.

La globalización permite a la humanidad compartir e intercambiar conocimientos, ayudarse, enriquecerse y aportar soluciones originales los unos a los otros. Pero la globalización también favorece la difusión de soluciones "universales" estandarizadas que amenazan directamente las culturas locales.

Muchas recetas deliciosas (como la limonada de flor de saúco) y originales han desaparecido y han sido reemplazadas por bebidas gaseosas y azucaradas idénticas en todo el mundo.

Este fenómeno es aún más grave cuando se trata de conocimientos médicos, de técnicas agrícolas, de ganadería, de construcción, artesanales. Al igual que ocurre con la biodiversidad de las especies vivas, la pérdida de conocimientos locales y particulares, adaptados a cierto tipo de regiones, o de un tipo de vida, representa un gran peligro para la humanidad.

Muchos países, también entre los más pobres, dedican gran parte de su presupuesto a gastos militares. Son medios que no se destinan a educación ni a sanidad. Por lo tanto, se observa una relación directa entre la alfabetización y la salud, el acceso a la educación y a la sanidad.

Internet es una forma estupenda de compartir conocimientos, conservarlos, compararlos, de mejorar el saber propio, pero también conlleva el riesgo de globalización universal.

En los países pobres, las mujeres suelen tener grandes dificultades para acceder al conocimiento. Por razones religiosas o culturales, se las aísla del saber y del poder. Paradójicamente, numerosas tradiciones y conocimientos los transmiten ellas exclusivamente.

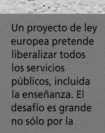

Un proyecto de ley europea pretende liberalizar todos los servicios públicos, incluida la enseñanza. El desafío es grande no sólo por la posibilidad de la existencia de una enseñanza privada sino por el riesgo de alcanzar una enseñanza demasiado normalizada. Los niños italianos, colombianos o indios podrían llegar a encontrarse con una cultura única, estándar.

Juan, Chile.
Mi vecino se pasa la vida delante del ordenador, solo. Apenas le vemos. Le llamamos el "no-live", (el "sin-vida").

Si los estados y los poderes locales no ponen en marcha métodos para la supervivencia y la transmisión de los conocimientos y las técnicas locales, se corre un gran riesgo de perderlos para siempre.

Sólo son necesarias dos generaciones para que una técnica se olvide si nadie la enseña o la practica.

El acceso a la información y al saber es desigual en la sociedad y en el mundo. En Europa y en Estados Unidos, todos los medios de telecomunicación están mucho más desarrollados que los de África o de otras regiones del sur. Además, algunos ciudadanos no tienen medios, o la capacidad física, de utilizar un ordenador conectado a la red. A esta situación se la conoce como "fractura numérica".

El acceso a la red es cada vez más indispensable para optar a cierta información (bancos, administraciones, etc.).

El saber es colectivo

CONSEGUIR QUE LA INFORMACIÓN Y LOS CONOCIMIENTOS SEAN ACCESIBLES ES UN TRABAJO PERPETUO. Siempre aparecen nuevos medios y más precisos. Esto tiene que ver con todos los aspectos de la vida: salud, alimentación, seguridad, relaciones interpersonales, entre otros muchos.

El papel de los poderes públicos es importante en este sentido. Pueden orientar políticas e investigaciones que favorezcan un acceso a la cultura y a la enseñanza para todos, sin distinción.

En muchos países se observa una relación directa entre el nivel de educación de las mujeres y la reducción de la pobreza y la mortalidad infantil y materna. Al estar más informadas, controlan su fecundidad y regulan los nacimientos.

¡EL SABER PERTENECE A TODO EL MUNDO! Pero su difusión tropieza con la "propiedad intelectual" (derechos de autor, patentes, etc.). Al principio, se trataba de proteger al creador, al investigador, pero una desviación progresiva la ha convertido en la herramienta de comercialización de conocimientos y culturas. El conocimiento tiene un precio que puede ser demasiado caro para muchos.

En los Objetivos del Milenio, el acceso a la educación es prioritario. En algunas regiones del mundo es necesario instalar pozos para que los niños y las mujeres no empleen todo su tiempo y fuerzas en ir a buscar agua. Esto les permitiría ir a la escuela, aprender un oficio, encontrar tiempo para asociarse y desarrollar un proyecto, instruirse o participar en actividades culturales. Es decir, tomar las riendas de sus vidas.

Rosheen, Irlanda.
Construir un muro de piedra no es
complicado. Pero que dure decenas
de años, ¡es toda una técnica!

El Movimiento Internacional Slow Food se opone a los efectos degradantes de la cultura de la comida rápida. Actúa a diferentes niveles: promoción de agriculturas locales, educación en el gusto, protección de las tradiciones culinarias, ayudas a los productores artesanos, protección de la biodiversidad o la preocupación por la búsqueda de soluciones para las regiones más pobres. Para Slow Food, el disfrute y la responsabilidad respecto al mundo y al medio ambiente van de la mano.

La WWOOF (trabajador voluntario en granjas orgánicas) es una red internacional de granjas biológicas que acogen a trabajadores voluntarios. A cambio de algunas horas diarias de su tiempo y sus manos, el wwoofero se beneficia del alojamiento y el aprendizaje.

Marc-Philippe, Suiza.
Mi padre me ha enseñado a interpretar un mapa y a encontrarme en la naturaleza. Tengo la sensación real de pertenecer a la tierra, la entiendo mejor.

Tomo el relevo

SIN LA TIERRA, NINGÚN HUMANO SOBREVIVIRÍA, debe tener buena salud para poder satisfacer nuestras necesidades vitales. Conviene entonces no hacer las cosas sin pensar y medir el impacto de cada acción sobre el estado del medio ambiente. Para ello, es necesario observar, estudiar, analizar, experimentar, es decir, desarrollar conocimientos, técnicas y tecnologías respetuosas con nuestro planeta.

Todos los seres humanos viajan a bordo del mismo barco. Si entra agua por cualquier parte, todo el mundo se hundirá. Nos atañe a todos. Por eso hay que compartir el saber, la tecnología y las ideas y compararlas con las de los demás dentro de la perspectiva de salvar nuestro planeta.

Puedo elegir poner mis conocimientos al servicio de la protección de la tierra, que esto sea una prioridad. Puedo:

* estar atento a lo que me enseñan y tener inquietudes

* compartir y difundir lo que aprendo

* plantear qué consecuencias hay sobre los recursos naturales, la biodiversidad, el aire, el agua, el suelo

* interesarme por las fuentes de información de mi alrededor: los adultos, los ancianos, la biblioteca, los medios de comunicación, Internet, el estado, las autoridades locales, las asociaciones, etc.

* apoyar la financiación de la escolarización de un niño desfavorecido

* ...

TU INTELIGENCIA Y CREATIVIDAD SON LOS MEJORES RECURSOS PARA VIVIR RESPETANDO LA TIERRA.

¡TE TOCA A TI! ¡Abre bien los ojos y los oídos!

Compartir las experiencias, los conocimientos, es uno de los placeres de la vida. A menudo, una emulación positiva hace que surjan las ideas que nutren el saber colectivo. Las asociaciones se constituyen como "comunidades aprendizaje".

Wikipedia es un buen ejemplo de puesta en común de conocimientos. Es una enciclopedia colectiva: todo el mundo puede proponer contenido que será evaluado y validado por la "comunidad".

Juntos por la Tierra

Todos somos parte de la solución

EL DESARROLLO SOSTENIBLE es la idea según la cual nuestra manera de vivir y de comportarnos tiene en cuenta las necesidades actuales sin poner en peligro la capacidad de las generaciones futuras de satisfacer las suyas. Las necesidades vitales son todo lo que nos hace falta para vivir: comer, estar protegidos, tener calor, sentirse seguro, tener buena salud, ser respetado, y esto vale para todas las personas del planeta, ¡por supuesto!

Vivir teniendo en cuenta el desarrollo sostenible es ver más allá, darse cuenta de que el planeta y todas las personas que habitan en él forman parte de un único sistema que evoluciona. Lo que ocurre en un pequeño rincón del planeta influye en lo que sucede en el mundo en conjunto. Es importante comprobar regularmente el estado de los recursos y su capacidad de renovación para evaluar y determinar las acciones a llevar a cabo.

¡EL DESARROLLO SOSTENIBLE ES UN OBJETIVO Y UNA ACTITUD!

Esta visión del mundo implica unos valores y unos principios que guíen las elecciones y las acciones de las personas que se comprometen con este punto de vista:
- el reparto, la cooperación, el intercambio
- la equidad, la igualdad, la justicia
- la solidaridad
- la búsqueda de la calidad y del bienestar
- la participación ciudadana
- la responsabilidad de cada uno
- el principio de precaución

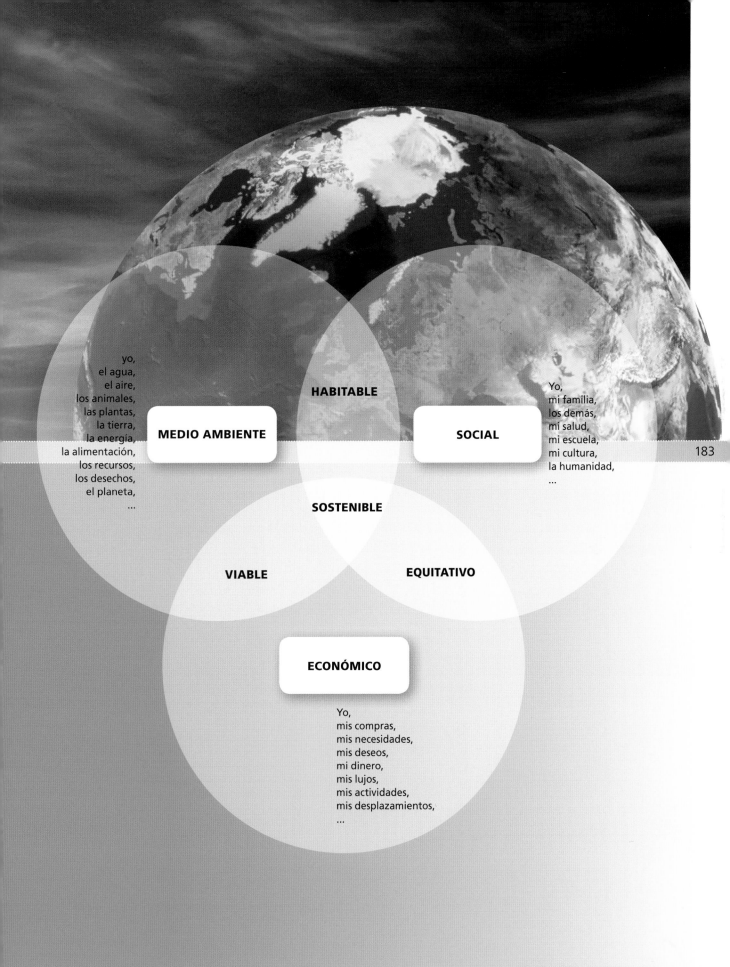

yo,
el agua,
el aire,
los animales,
las plantas,
la tierra,
la energía,
la alimentación,
los recursos,
los desechos,
el planeta,
...

HABITABLE

MEDIO AMBIENTE

SOCIAL

Yo,
mi familia,
los demás,
mi salud,
mi escuela,
mi cultura,
la humanidad,
...

SOSTENIBLE

VIABLE

EQUITATIVO

ECONÓMICO

Yo,
mis compras,
mis necesidades,
mis deseos,
mi dinero,
mis lujos,
mis actividades,
mis desplazamientos,
...

Nuevos indicadores

PARA MEDIR EL ESTADO DE DESARROLLO DE UNA POBLACIÓN, tradicionalmente, los expertos utilizan un indicador económico, el PIB →🗐 (producto interior bruto), que muestra los ingresos de la producción económica de un país.

EN LOS AÑOS 90, EL PNUD CREÓ EL ÍNDICE DE DESARROLLO HUMANO (IDH) →🗐. Evalúa la situación de los países mediante criterios de bienestar: tiene en cuenta el acceso a la educación y la esperanza y el nivel de vida.

LA HUELLA ECOLÓGICA →🗐 es un indicador que permite medir el exceso de presión que los hombres descargan sobre la Tierra y sus recursos. El principio es sencillo: al examinar la forma en la que vive una persona, se puede determinar si consume más recursos de los que la Tierra es capaz de proporcionarle (de media).

La combinación de los dos indicadores permite señalar los países y evaluar los "caminos hacia el desarrollo sostenible".

Existen otros indicadores o métodos como la sustitución del servicio ecológico amenazado o perdido, el indicador FNB (felicidad nacional bruta) integrado en la constitución de Bután. Este último indicador se basa en los cuatro principios fundamentales a los que el gobierno debe otorgarles una importancia igual: el crecimiento y el desarrollo económico; la conservación y la promoción de la cultura; la protección del medio ambiente y la utilización sostenible de los recursos; un gobierno responsable.

El gráfico muestra que el "desarrollo" que se "desearía" actualmente y su ejemplo representativo, Estados Unidos, no es sostenible. Se aprecia que países con un IDH algo inferior tienen una huella ecológica tres veces menor.

Para conseguir un "desarrollo sostenible", es necesario reorientar el desarrollo según dos criterios: disminuir la huella ecológica en los países que sobrepasen el umbral de 1,8 hectáreas por habitante Y, simultáneamente, ayudar a los países cuyo IDH no ha alcanzado el 0,8.

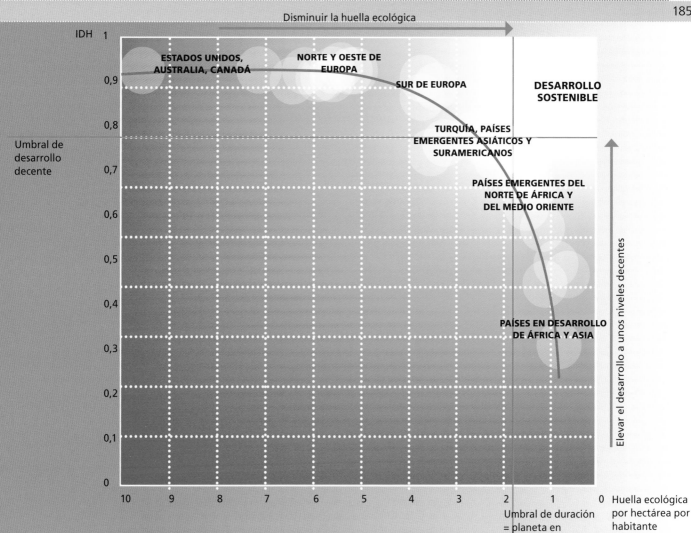

Disminuir la huella ecológica →

IDH 1

0,9   **ESTADOS UNIDOS,**   **NORTE Y OESTE DE**
      AUSTRALIA, CANADÁ   **EUROPA**
                                              SUR DE EUROPA   **DESARROLLO**
                                                                        SOSTENIBLE
0,8
                                              TURQUÍA, PAÍSES
Umbral de   **EMERGENTES ASIÁTICOS Y**
desarrollo   **SURAMERICANOS**
decente   0,7
                                                      PAÍSES EMERGENTES DEL
                                                      NORTE DE ÁFRICA Y
0,6   **DEL MEDIO ORIENTE**

0,5

0,4

                                                      PAÍSES EN DESARROLLO
0,3   **DE ÁFRICA Y ASIA**

0,2

0,1

0

   10   9   8   7   6   5   4   3   2   1   0   Huella ecológica
                                              Umbral de duración   por hectárea por
                                              = planeta en   habitante
                                              equilibrio

Elevar el desarrollo a unos niveles decentes ↑

Trabajar

Vamos a imaginar un nenúfar que dobla su follaje cada día. Está en una charca y cubrirá su superficie en 30 días.

¿En qué momento se dará cuenta que habrá ocupado toda la superficie y que la charca morirá (y él también)?El día 29 ocupa la mitad de la superficie; el 28 ocupaba un cuarto. ¡No es fácil parar en el momento justo!

Incluso si el fenómeno se da más lentamente, la situación del crecimiento económico es la misma que la del nenúfar: cuanto más tardemos, menos tiempo tendremos para cambiar.

Al Gore utiliza otra imagen: si ponemos una rana en agua caliente, la rana escapará del recipiente. Si calentamos dicho recipiente poco a poco con la rana dentro, no se dará cuenta que la temperatura aumenta. Nosotros estamos más o menos en el caso de la segunda rana.

→
Emma, Dinamarca.
En mi escuela, no hace falta tirar piedras para hacer que
te escuchen. Cada semana, todos los alumnos participan
en el consejo de la clase. Ahí podemos expresarnos,
hablar de los problemas y encontrar soluciones juntos.

187

LA TIERRA PERMITE VIVIR AL HOMBRE.
Si la tierra enferma, la vida de
la humanidad también se verá amenazada.

Los recursos naturales son limitados,
las actividades humanas han provocado
catástrofes, algunas de ellas irreparables:
contaminación del aire, del agua, del suelo;
calentamiento del clima; deforestación;
esterilización de los suelos agrícolas; pérdida
de biodiversidad; guerras, hambrunas, miseria...
La población aumenta cada vez más, la
diferencia de medios entre los más ricos y
los más pobres no para de acentuarse...

**LA HUMANIDAD SE ENFRENTA A UN DOBLE
DESAFÍO:** hacer que su supervivencia sea
compatible con los recursos de la Tierra y
redistribuir los recursos de manera que
cada ser humano tenga, por lo menos, con
qué satisfacer sus necesidades vitales y
una calidad de vida decente.

Nicolas Stern, economista, ha redactado
un informe para el gobierno inglés en el que
previene: hoy en día, el 1 % del PIB →⧉ sería
suficiente para llevar a cabo las medidas
necesarias. Pero, si no actuamos, la economía
se frenará mínimo en un 20 %.
Es un momento clave para reaccionar.

Para luchar contra el cambio climático, las autoridades públicas de muchos países animan a sus ciudadanos a aislar sus casas. Así, el consumo de energía y las emisiones de CO_2 se reducen. Algunas aglomeraciones van incluso más allá y construyen viviendas sociales bioclimáticas →⧉.

Cuando no estemos seguros de si una tecnología o un producto es inofensivo, es preferible no utilizarlo. Esto se conoce como el principio de precaución. Siguiendo este principio, muchas personas se oponen a la cultura de los OGM o a la utilización de nanotecnología. No hay que tener "miedo" de la ciencia pero ésta debe permanecer al servicio de la humanidad y no convertirse en su veneno.

← Jian, Filipinas.
Cuando sea mayor, seré investigador de tecnologías verdes. Inventaré nuevos aerogeneradores u otra tecnología para producir electricidad.

Lo mejor es enemigo de lo buen

PARA NO REPETIR LOS ERRORES PASADOS, es esencial reflexionar sobre todas las consecuencias de los actos y actividades humanas sobre la vida y la salud del planeta. Hay que pensar en las cosas de manera global y a largo plazo.

EL TRABAJO CIENTÍFICO, LA INVESTIGACIÓN Y LA EXPERIENCIA pueden ayudar a la humanidad a respetar la tierra. Mediante la observación, mediciones, análisis, proyecciones o previsiones aprendemos a conocer mejor el medio ambiente y a cómo actuar sin destruirlo definitivamente.

Tenemos que replantearnos el progreso y los conocimientos sociales, elegir entre lo esencial y lo complementario, redistribuir las ventajas aquí y en todo el mundo.

Eso no es todo: por un lado, hay que impedir las acciones que sean dañinas y peligrosas para la Tierra y, por el otro, apoyar a quienes la protegen. Para ello, es necesario aprobar leyes y hacer que todos las respeten. El aspecto medioambiental está cada vez más presente en las políticas de los países y las regiones. Sus habitantes entienden progresivamente que la vida social y económica está estrechamente relacionada con la buena salud de la Tierra. Los comportamientos cambian.

El sindicalismo nació para defender a los trabajadores, darles derechos y protegerles de una explotación a menudo injusta. Algunos años después, la mayor parte de los sindicatos se han dado cuenta de que el combate social está estrechamente relacionado con la defensa del medio ambiente y la salvación del planeta. También se han dado cuenta de que los problemas son mundiales y de que es fundamental trabajar a nivel internacional en tales cuestiones.

Muchas empresas
ponen a punto planes
de movilidad.
El objetivo es reducir
las emisiones de gases
de efecto invernadero
y la contaminación del
aire animando a sus
trabajadores a utilizar

medios de transporte
no contaminantes o
colectivos: bicicleta,
tranvía, autobús, tren,
lanzadera,

compartiendo el
coche... Todo el mundo
reconoce las ventajas
de este cambio de
comportamiento,
incluso los financieros.

Desde el año 2000,
hemos visto la
aparición de "objetores
de conciencia".

Pretenden disminuir
la huella ecológica
de su país. Subrayan
el lado ético de su
implicación evocando
a los "objetores de

conciencia" (pacifistas
que se negaron a
entrar en el ejército por
razones éticas).

Leyla, Líbano.
Cuando mi madre va a comprar pescado, consulta una lista de peces que hay que evitar consumir puesto que están amenazados.

¿Qué hacer?

¿QUÉ HACER? No es tan evidente decidirse a actuar. Las sociedades están organizadas alrededor de la delegación, del mandar hacer, las acciones se dirigen a elegir un voto o una compra. Para el resto, la tendencia es "normalizar" a través del colegio, los medios, la publicidad, es decir, limitar los comportamientos extraordinarios, espontáneos.

ACTUAR EN EL ESPACIO PÚBLICO es exponerse a las miradas, a las críticas, a los elogios. Puesto que es el modelo dominante el que se debe transformar, actuar para la transformación significa formar parte de "los otros". El Foro social "para otra globalización" de Porto Alegre en contra de la globalización del "Foro económico mundial" de Davos es un ejemplo.

Como consumidores, cada uno puede influir en la calidad de los productos. Al decidir, por ejemplo, comprar sólo productos que respeten el medioambiente, cada consumidor sanciona, a su nivel, a los productores. Estos últimos notaran los cambios de comportamiento y modificarán sus técnicas de producción hasta convertirse en empresas verdes.

ACTUAR ES TOMAR EL CONTROL de
la democracia, de la satisfacción
de las necesidades, de las reservas
de recursos, de la calidad de
lo que comemos.

*Las energías
renovables son una
oportunidad para las
comunidades locales
de reapropiarse de los
medios de producción
de energía.*

*En Bélgica, la mitad
de un aerogenerador
pertenece a una
cooperativa de niños.
Reciben una parte de
los beneficios de la
electricidad vendida.*

Toma de conciencia

EL PRIMER RIESGO QUE CORRE EL PLANETA ES QUE LOS HOMBRES IGNOREN LOS PROBLEMAS QUE LE CAUSAN y que la tierra se destruya "sin saberlo". Es menos absurdo de lo que parece: a pesar de las señales de alarma, muy poca gente sabe qué es lo que pone al planeta en peligro.

PERO TAMBIÉN EXISTEN OTROS RIESGOS:

- **INFORMACIÓN FALSA O INCOMPLETA.** Por lo tanto, no se puede actuar con conocimiento de causa y tomar las decisiones correctas.

- **DIFERENTES PRIORIDADES:**
  económicas: no nos preocupamos más que del crecimiento, de los intereses financieros;
  militares: la atención se centra en la guerra y los presupuestos se destinan al ejército;
  equipamientos de primera necesidad: inversiones necesarias en salud, enseñanza

- ...

Este anuncio se clasifica como uno de los peores según el "lavado verde": utiliza materiales ecológicos, energías renovables y la reputación de un artista medioambiental para hacer su imagen "más verde".

BMW. Defining innovation.

El *"lavado verde"* consiste en utilizar argumentos publicitarios ecológicos y el "desarrollo sostenible" para vender productos de consumo que son poco o nada ecológicos. Como la gente cada vez es más sensible en cuanto al respeto al medio ambiente, y más consciente de la relación tan estrecha que existe entre la salud de la Tierra y su propia salud, estos argumentos les llegan. El problema es que a menudo las intenciones suelen exagerarse o falsearse. Los ciudadanos están muy poco informados sobre estas cuestiones y se dejan influir. Es absurdo y abusivo alabar las cualidades de un vehículo 4x4 híbrido al presentarlo como ecológico cuando es uno de los vehículos más contaminantes y despilfarradores de energía. El diseño de los embalajes y de los productos sugiere una imagen ecológica, verde, natural, incluso si el contenido es todo lo contrario. La ecología vende. La industria intenta hacer creer que consumiendo muchos productos salvaremos el planeta.

Naqib, Malasia.
Cuando llega la estación turística, los hoteles costeros utilizan toda el agua disponible. Esos meses son difíciles para nosotros.

La democracia practica la "rotación" del poder para evitar la "toma" del mismo. Los políticos viven con una perspectiva a corto plazo (4 ó 5 años). Están permanentemente en el "mercado electoral". ¿Cómo obligarles a cambiar la perspectiva y emprender políticas a largo plazo (de 20 a 50 años) preservando al mismo tiempo la democracia?

SERPA es una asociación de juristas con sede en París que pretende conciliar la globalización y los derechos humanos. Mediante sus acciones, intenta responsabilizar a las empresas para que éstas eviten y reparen los daños sociales y medioambientales inducidos por su actividad. En muchos países africanos, algunos trabajadores de la industria minera han estado expuestos a riesgos graves para la salud y además, sin ellos saberlo, sin protección ni cura. La Serpa les apoya en su lucha para conseguir recuperarse. Esta asociación también brega por que las empresas que recurren a la corrupción no puedan cometer impunemente infracciones ni daños en el extranjero. Los ejemplos no son escasos pero sí muy poco conocidos: desvío de bienes públicos, vertidos de productos tóxicos o radiactivos, deforestaciones ilegales

Kenneth, Escocia.
Es una pena que los documentales y los programas que hablan de las dificultades de la tierra siempre los emitan en TV por la noche. Nunca puedo verlos pero me interesan mucho.

Conflicto de intereses

ACTUAR SIGNIFICA ELEGIR. Llevar a cabo un acto y no otro. La elección se toma en función de un interés o de las ventajas que nos proporciona.

EL PROCESO DE LAS DECISIONES POLÍTICAS SUFRE LA PRESIÓN DE LOS GRUPOS DE INTERÉS. Los llamados lobbys intentan convencer a los electos de los buenos fundamentos de sus puntos de vista. Tiene su lógica. El problema radica en el hecho de que los medios relativos de los lobbys son muy diferentes. Para los grupos de presión industriales, los más poderosos, los presupuestos disponibles para llevar a cabo estos estudios, reclutar especialistas, publicar obras u organizar eventos sobrepasan a los de las ONGs. El lobby "tabaquero", por ejemplo, ha ganado 20 años durante los cuales ha podido continuar comerciando sin problemas.

Algunas industrias deciden instalarse allí donde las leyes gubernamentales sean menos exigentes. La actividad es más rentable además de que la mano de obra suele ser más barata. Por ejemplo, la industria automovilística se sirve de este argumento contra la voluntad de Europa de limitar la contaminación de los vehículos. Las consecuencias globales son muy negativas para la vida y la seguridad de las personas pero también para la salud del medio ambiente y de la Tierra. La Tierra es única y la naturaleza no conoce fronteras.

LA ESFERA DE INFLUENCIA DE LOS LOBBYS SOBREPASA FRONTERAS. Los políticos electos se enfrentan en seguida al chantaje y a la deslocalización: "si cambias la ley, me llevo la fábrica a un país menos severo".
La única contrapartida para los grandes lobbys económicos y financieros es la existencia de lobbys sociales y medioambientales.

Además, a menudo surge un conflicto de intereses entre el lobby económico y el medioambiental. El primero vela por el interés propio (personal) a corto plazo y el segundo por el interés colectivo a largo plazo.

La presión que ejercen ciertas sociedades agrícolas industriales sobre las decisiones políticas entraña a medio plazo la desaparición de la agricultura respetuosa con el medio ambiente en el mundo entero.

Al forzar la apertura de los mercados, los productos subvencionados de los grandes agricultores compiten con los productos locales.

Al imponer cultivos no alimenticios (algodón, café o cacao) mediante los programas del Banco Mundial, los países del sur se han visto obligados a importar cereales del norte.

Al imponer el cultivo de OGM, se obliga a los agricultores a entrar en una lógica de producción industrial en la que los beneficios se les escapan.

La AIEA →⬚, Agencia Internacional de Energía Atómica, ha censurado el informe de la OMS, Organización Mundial de la Salud, realizado por más de 700 médicos que detallan los efectos de la catástrofe de Chernóbil.

Yasahiro, Japón.
He acompañado a mis vecinos a la manifestación contra la energía nuclear. Coincido con ellos en que esa tecnología es peligrosa y en que se puede producir suficiente electricidad sin ella.

Actuar juntos

PROTEGER LA TIERRA, SIEMPRE Y EN TODAS PARTES: en casa, al elegir los productos de consumo, en el oficio, en el lugar de trabajo, de vacaciones, etc. Actuar por la Tierra es como trabajar de voluntario, implicarse en la defensa de una causa o interesarse por las decisiones políticas de manera que se participa realmente en lo que sucede, de forma autónoma y responsable.

ACTUAR ES ELEGIR. Para tomar las decisiones correctas para el planeta, es conveniente informarse, abrir los ojos, pensar en las cosas desde un punto de vista global, prever las consecuencias a nivel medioambiental, social y económico.

No hay que perder de vista que el objetivo prioritario es garantizar que todo el mundo pueda satisfacer sus necesidades primarias: nutrirse y tener buena salud, disponer de suficiente agua, vivir seguros.

CUANTOS MÁS, SOMOS MÁS FUERTES. Al asociarse, los ciudadanos pueden hacer oír su voz, expresar sus diferentes puntos de vista o influir en las decisiones con más eficacia. Las asociaciones cumplen un papel de contrapoder. Numerosas asociaciones medioambientales están en activo en el mundo. Son independientes de los intereses financieros y su acción busca el bien colectivo. Los gobiernos y las asociaciones tienen un gran interés en trabajar juntos para una mayor coherencia y un mejor respeto del planeta compartido por todos.

ACTUAR LOCAL Y GLOBALMENTE es importante. El planeta es uno y la naturaleza no conoce fronteras. Si un curso de agua se contamina en el nacimiento, afectará a los ribereños de cada uno de los países que atraviesa. Instancias internacionales permiten tratar los problemas a nivel global. Por ejemplo, un tratado prohíbe la exportación de desechos tóxicos de los países de la OCDE a otros países.

Actuar quiere decir, concretamente, meter las manos en la masa pero también puede significar realizar un trabajo intelectual, de reflexión o de formación.

Una manera de animar las acciones positivas en favor de la Tierra es la fiscalidad económica. Al acordar una reducción de los impuestos o tasas, por ejemplo, las autoridades públicas pueden favorecer la construcción de viviendas con materiales limpios, ecológicos y duraderos.

Actuar no es imponer la visión propia del mundo a los demás. Por eso, en términos de ayuda entre países, es preferible hablar de cooperación o de colaboración con lo que se sobreentiende la autonomía, la responsabilidad y el respeto.

Yo soy la solución

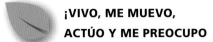

¡VIVO, ME MUEVO, ACTÚO Y ME PREOCUPO POR LA TIERRA! La manera en la que se tratan los recursos naturales muestra si se tiene respeto o no por la Tierra. Intento desperdiciar lo menos posible y prefiero las alternativas que contaminan menos.

Cualquier pequeño gesto no es superfluo puesto que cuantos más seamos los que lo hagamos y los que prestemos atención, más se respetará la tierra. Es como la historia de los millones de gotas que forman un río.

Actuar por la Tierra también es tener el valor de hablar y pensar de forma diferente a los demás, de no cerrar los ojos ante realidades difíciles o complicadas y de adoptar un comportamiento consecuente, coherente.

Actuar también puede significar entrar en política, desempeñar un oficio.

Actuar es
- informarme
- apoyar las peticiones que pretendan proteger el planeta
- cuestionarme cosas
- participar en la vida cultural, social y política
- aprender a discutir, a debatir
- discutir
- reaccionar
- votar
- trabajar como voluntario
- dar ejemplo
- participar en las decisiones del colegio, del barrio
- viajar e interesarme por la cultura local
- ser solidario
- sentirme responsable de mis actos

← Gayani, Sri Lanka.
Mi profesor tiene un truco para los debates: el bastón de la palabra. El que lo tenga puede hablar. Cuando ha terminado, le pasa el bastón al siguiente. Todos nos enteramos mucho mejor y se nos escucha a todos.

199

"No es el universo el que, por algún tipo de derogación especial, se adaptará a los deseos del ser humano...", *Pierre Rabí.*

EN LA BASE DE LA TRANSFORMACIÓN DE LA SOCIEDAD, HAY UNA TRANSFORMACIÓN PERSONAL, UNA TRANSFORMACIÓN DE CÓMO SE MIRA A LOS DEMÁS, A LA NATURALEZA, A NUESTRA NATURALEZA...

BASTA ENCONTRAR, O RECOBRAR, NUESTRO "ARTE DE VIVIR", DE "ESTAR VIVOS".

Desertización: evolución de un medio que se convierte en desierto.

DESLOCALIZACIÓN 146, 195

DIVERSIDAD 73, 78, 83, 109, 110, 125, 139, 153, 156, 158, 159, 160

E

ECOLOGÍA, ECOLÓGICO 42, 55, 70, 82, 98, 118, 120, 132, 134, 149, 166, 192, 197

ECONOMÍA, ECONÓMICO 26, 65, 104, 134, 143, 145, 146, 148, 158, 162, 167, 183, 184, 186, 188, 190, 195, 196

ECONOMÍA INFORMAL 119

ECOSISTEMA 31, 45, 46, 81, 82, 87, 91, 93, 95, 109, 114, 116
Conjunto constituido por un medio natural y los seres vivos que lo ocupan. Se producen numerosos intercambios entre las plantas, los animales, los microorganismos, el agua, el suelo y el aire de un ecosistema.

EFECTO INVERNADERO 90, 91, 94, 95, 96, 97, 189

ENERGÍA 10, 12, 14, 15, 18, 26, 42, 62, 64, 65, 71, 78, 90, 94, 96, 97, 98, 99, 104, 105, 122, 123, 128, 129, 132, 133, 134, 149, 173, 183, 187, 192

ENFERMEDAD 22, 25, 38, 39, 42, 47, 66, 81, 95, 113

EQUILIBRIO 34, 47, 73, 75, 81, 82, 84, 90, 109, 114, 116, 118, 120, 125, 131, 185

EXTENSIVO 83
Método de producción agrícola poco mecanizado que suele ejercerse en superficies de pequeña o mediana extensión. Este tipo de agricultura o ganadería respeta el medio ambiente y la biodiversidad.

EXTINCIÓN 78, 81, 159

F

FAO 68, 78, 82
Organización de las Naciones Unidas para la agricultura y la alimentación.

FOTOSÍNTESIS 12, 13, 14, 17, 45, 67, 76
Proceso por el cual los vegetales utilizan la energía del sol para producir sus tejidos a partir de agua y minerales. Ver también CICLO DEL CARBONO

G

GAS CARBÓNICO 12, 91
Ver también CO2

GAS DE EFECTO INVERNADERO 90, 91, 94, 95, 96, 97, 189
Gases que provocan el calentamiento del planeta. Ver también EFECTO INVERNADERO

GENERACIONES FUTURAS 126, 134, 148, 150, 164, 182

GLACIAR 31

GLOBALIZACIÓN 114, 145, 146, 174, 193
Fenómeno según el cual los intercambios entre personas adquieren una dimensión y unos efectos a nivel mundial. Este término se utiliza hoy en día para definir la globalización económica.

GOBIERNO 41, 67, 132, 149, 197

H

HABITAT 49, 55

HALOCARBUROS 91
Gases industriales de efecto invernadero en contraposición con los gases naturales de efecto invernadero.

HAMBRUNA 52, 116

HUELLA ECOLÓGICA 48, 56, 115, 117, 120, 150, 151, 184, 185, 189

HUMANIDAD 15, 103, 107, 114, 121, 163, 173, 174, 183

HUMUS 45, 47, 52, 54, 55, 126

I

INDUSTRIALIZACIÓN, INDUSTRIAL 23, 139

INFORMACIÓN 62, 134, 158, 175, 176, 178

INUNDACIÓN 36, 37, 39, 95

INTENSIVO 35, 52, 53, 54, 79, 130
Método de producción agrícola que busca un rendimiento elevado y recurre de forma masiva a pesticidas, herbicidas, abonos químicos, ganadería "fuera del suelo", antibióticos... En contraposición al método extensivo.

INTERNET 119, 151, 170, 172, 178

L

LIMPIO 20, 28, 31, 33, 40, 56, 117, 128, 192, 195
Se dice de los productos, energías o técnicas ecológicas

LITOSFERA 45
Corteza terrestre del planeta. Su espesor varía según las regiones. Está formada por diferentes placas.

LLUVIA 10, 11, 20, 31, 39, 40, 41, 42, 50, 55, 59

LOBBY 194, 195
Grupo de presión organizado para defender los intereses de sus miembros ante las administraciones y gobiernos, también se habla de grupo de interés.

LOCAL 41, 45, 71, 87, 107, 118, 131

M

MADERA 54, 55, 58, 59, 60, 61, 64, 65, 67, 68, 69, 70, 71, 76, 78, 91, 104, 123, 125, 126, 131, 134, 139, 173

MATERIAS ORGÁNICAS 37, 75, 104

MATERIAS PRIMAS 26, 65, 104, 126, 128, 129, 139, 143
Materia producida por los organismos vivos. Se degrada de forma natural y se transforma en compost fácilmente.

MEDIO AMBIENTE 103

MERCADO 64, 143, 146, 195

MONOCULTIVO 78, 79, 93
Cultivo de una sola especie vegetal en una superficie (muy) grande.

N

NATURAL 31, 40, 50, 56, 57, 59, 64, 69, 70, 73, 78, 84, 90, 91, 124, 125, 131, 150

NECESIDADES VITALES 34, 50, 98, 111, 117, 119, 120, 150, 167, 172, 178, 187

NEGAVATIO 96
Designa la energía que se ahorra al utilizar un medio más eficaz que proporciona el mismo servicio.

NORIA 35
Máquina hidráulica que utiliza la energía de la corriente para elevar el agua.

NUCLEAR 25, 196

DIRECCIÓN ÉDITORIAL : JEAN-MICHEL D'OULTREMONT

REDACCIÓN : MARIANNE LAMBRECHTS, ERIC LUYCKX (METADESIGN.BE)

CONCEPTO GRÁFICO Y MAQUETACIÓN : METADESIGN.BE

REVISIÓN : JEAN-MICHEL D'OULTREMONT, ANNE VANGOR ET CHANTAL DUBOIS

CUBIERTAS : METADESIGN.BE

CRÉDITOS FOTOGRÁFICOS : FOTOLIA.COM, DREAMSTIME.COM, SOLAR IMPULSE, THE EARTH SIMULATOR CENTER - JAMSTEC , METADESIGN.BE

© EDITION CARAMEL

© DE LA EDICIÓN EN ESPAÑOL: EDILUPA EDICIONES

ISBN: 978-84-96609-55-6

TRADUCCIÓN AL ESPAÑOL: ZULEMA COUSO

MAQUETACIÓN INTERIORES EN ESPAÑOL: DOLORES VÁZQUEZ

MAQUETACIÓN PORTADA EN ESPAÑOL: DESSIN, SL

El papel utilizado para este libro proviene de fabricas que participan
en el programa contra la deforestación y tiene certificado FSC.
Nuestro impresor respeta las leyes medioambientales establecidas.

AUG 1 1 2014